LES TAROTS DIVINATOIRES

les connaître et les utiliser pour prévoir l'avenir

Valéry Sanfo

LES TAROTS DIVINATOIRES

les connaître et les utiliser pour prévoir l'avenir

EDITIONS DE VECCHI S.A.
20, rue de la Trémoille
75008 PARIS

Traduction de Catherine Bodin

PREFACE

Cet ouvrage se propose de vous faire mieux connaître le monde mystérieux et fascinant des Tarots.

L'ésotérisme des images s'est développé à partir des enseignements d'Oswald Wirth, célèbre occultiste et l'un des plus éminents spécialistes en matière de Tarots.

La première partie du livre est consacrée au message ésotérique des lames, dont les figures sont analysées dans les moindres détails et qui font l'objet d'une interprétation concise et claire.

La seconde partie traite de la technique de la divination. Elle est illustrée par de nombreux exemples de méthodes simples pour tirer les cartes.

Par ailleurs, ont été abordés des thèmes totalement nouveaux, qui révèlent au lecteur des applications inédites des Tarots.

Ceux-ci peuvent, en effet, être utilisés comme Pentacle, pour se soigner, pour interpréter les rêves, etc.

Les différents sujets traités dans cet ouvrage sont extraits des conférences de cartomancie que j'ai données au Centre Helios (Centre d'études et de recherches de parapsychologie) de Turin.

VALÉRY SANFO

L'ORIGINE ET L'EVOLUTION HISTORIQUE DES TAROTS

Remonter jusqu'à l'origine des Arcanes majeurs est pratiquement impossible. Ces symboles sont nés et se sont développés avec la pensée de l'homme. Des recherches longues et approfondies ont mis en évidence l'existence d'un lien très étroit entre les arcanes et *la Kabbale*. Mais aussi bien les arcanes que *la Kabbale* ont été transmis oralement par divers initiés et leur origine se perd dans la nuit des temps: ils sont arrivés jusqu'à nous depuis l'époque lointaine de l'Atlantide, en passant par les civilisations assyriennes, indiennes, égyptiennes et juives. Ces vingt-deux cartes, ou lames, renferment un traité ésotérique d'une importance capitale, recelant des secrets, des enseignements cachés. Ceux-ci sont exposés sous une forme allégorique, pour que seul l'initié puisse avoir accès à ce type de connaissances. Ces enseignements ayant toujours été transmis par tradition orale, il est absolument inconcevable de songer à déterminer leur origine, ne serait-ce que parce qu'elle n'existe pas. En revanche, on peut établir de façon certaine les premières apparitions des symboles sur les cartes telles qu'elles se présentent aujourd'hui. Différents documents historiques et pièces archéologiques témoignent de l'existence de cartes semblables aux Tarots en Chine, dès l'année 1120.

Chine, année 1120. Découverte de trente-deux tablettes en ivoire gravées représentant des images relatives au ciel, à la terre, à l'homme, aux devoirs et au destin du citoyen.

Le jeu était appelé "Mille fois dix mille". Il était composé de trois séries de neuf tablettes et de trois triomphes. Cela faisait donc trente tablettes (9 × 3 = 27 + 3 triomphes) auxquelles s'ajoutaient deux cartes, celles que l'on dénommait justement "Mille fois dix mille". Ces deux cartes étaient également baptisées "la fleur blanche" et la "fleur rouge". Il y avait donc au total trente-deux tablettes. Sur les cartes cosmiques, c'est-à-dire celles représentant le ciel, quatre signes rouges correspondaient aux quatre points cardinaux.

Sur les cartes humaines, seize signes symbolisaient les vertus cardinales (courage, justice, prudence tempérance), qui étaient répétées quatre fois. Ces tablettes avaient un caractère à la fois allégorique et ésotérique; elles représentaient le microcosme dans le macrocosme.

Italie 1300. Découverte de cinquante cartes reproduisant différentes images ayant trait à divers sujets, réparties en cinq groupes de dix cartes. Ces cinq groupes étaient classés de la façon suivante: *la vie, les muses, les sciences, les vertus, les planètes.*

La série des Muses était constituée par chacune des neuf Muses traditionnelles, la dixième carte représentant Apollon. Les sept planètes, quant à elles, avaient été complétées par: la huitième sphère, Premier mobile, Première Cause.

Ces cartes étaient appelées "Naibs". Il semble qu'elles aient donné naissance aux Arcanes majeurs, puis aux Tarots, lorsqu'on leur ajouta dix cartes numérales allant de un à dix. Ces cartes numérales comportaient quatre enseignes auxquelles on attribuait les correspondances suivantes:

Coupes = clergé
Bâtons = paysans
Epées = nobles
Deniers = commerçants

France, année 1392. Le peintre Jacques Gringonneur, pour divertir le roi Charles VI, peignit des cartes semblables aux Arcanes, dont dix-sept ont été retrouvées. Il semble toutefois qu'elles n'aient pas été inventées par le peintre; celui-ci se serait inspiré de symboles déjà existants, comme ceux des Naibs en Italie.

Islam, vers les années 1500. Le shah Hassan Aboul Fazl Allami décrivit un jeu composé de cent quarante-quatre cartes divisées en douze groupes de douze cartes. Le nombre de cartes de chaque groupe passa ensuite de douze à huit ramenant le jeu à un total de quatre-vingt-seize cartes. Ce jeu dérivait d'un jeu indien comportant lui-même cent vingt cartes, divisé en dix séries de douze cartes, qui correspondaient aux dix incarnations de Vishnu. Ce jeu, qui était appelé "Dasavatra", est encore pratiqué en Inde aujourd'hui. Chaque série comprend deux figures (Roi et Vizir) plus dix autres cartes. L'atout est constitué, le jour, par la carte qui représente Rama, septième incarnation du dieu Vishnu, après la tombée de la nuit, c'est celle qui symbolise Krishna. Dans les cartes orientales, les quatre enseignes sont figurées de façon différente. On a, par exemple:

- Deniers = tortues, coquillages, poissons
- Coupes = cruches, amphores
- Bâtons = haches
- Epées = arcs.

LA NAISSANCE DU TAROT CLASSIQUE

Marseille, vers les années 1400. C'est à cette époque qu'apparaissent les premiers Tarots de Marseille, qui dérivent probablement des Naibs italiens. Ces cartes comportent vingt-deux Arcanes majeurs présentant déjà une iconographie semblable à celle d'aujourd'hui.

France, année 1751. Burdel perfectionne le symbolisme des vingt-deux Arcanes majeurs et confère couleurs et figures aux Arcanes mineurs.

Suisse, village de Soleure. A la même époque, le jeu de cartes de Burdel est légèrement modifié. On assiste à la naissance du Tarot classique, conçu par deux artistes: Muller et Cie.

L'EVOLUTION DU TAROT

Court de Gébelin (France, 1725-1784). Il étudia le symbolisme des Tarots pendant vingt ans et arriva à la conclusion que ceux-ci n'étaient autre que le célèbre livre égyptien écrit par Hermès Trismégiste, le livre de Thot. Hermès Trismégiste était vénéré par les Egyptiens en tant que créateur des lettres, des chiffres et du savoir. Il était appelé: Thot - Hermès - Trismégistus.

Ce livre magique avait été gravé sur soixante-dix-huit tablettes d'or pur. Il échappa à l'incendie qui ravagea la bibliothèque d'Alexandrie, où étaient conservés 700 000 manuscrits. Cet incendie avait été provoqué volontairement par le calife Umar dans le but de détruire ce livre.

En 1799, un officier de l'armée napoléonienne exhuma une triple inscription, gravée en lettres grecques ainsi qu'en hiéroglyphes vulgaires et sacrés. Cette inscription fut la clef qui permit d'interpréter le livre de Thot, corroborant ainsi la théorie de Gébelin.

Selon Gébelin, le terme "Tarot" est composé de *Ta* + *Ros, Ta* signifiant voie ou chemin et *Ros* signifiant roi ou royal, ce qui voudrait dire *"voie royale de la vie"*.

Etteilla (France, 1780). Disciple de Gébelin, il se consacra à la cartomancie, mais ne fit aucune découverte. Il modifia les symboles et affirma que les Tarots avaient été transmis par dix-sept magiciens à partir du deuxième millénaire avant Jésus-Christ.

Eliphas Lévi (France, 1810-1875). Occultiste de renom et chercheur en ésotérisme, il mit en relation les lettres de l'alphabet hébreu et les vingt-deux Arcanes majeurs. Les vingt-deux lettres des Arcanes ajoutées aux dix Sephirot constituent les trente-deux voies. Lévi fit une étude approfondie des Tarots et écrivit plusieurs ouvrages de magie consacrés à ces cartes.

Papus (France, 1865-1917). Son vrai nom était Gérard Encausse; il se référa à la théorie de Lévi et à la Kabbale. Papus appartenait aux sociétés secrètes de la Maçonnerie et des Rose-Croix.

Arthur Edward Waite (Angleterre, 1857-1942). Occultiste, il est l'auteur de *la Clef des Tarots* et *la Kabbale sacrée.* Waite plaça l'Arcane zéro (le Fou) entre la première et la dernière carte et lui attribua précisément le chiffre zéro. Eliphas Lévi et Papus, quant à eux, l'avaient placé avant le Monde et lui avaient donné le chiffre vingt et un.

Oswald Wirth (France, 1860-1943). Membre des principales sociétés secrètes de l'époque, il se réclama des théories de Lévi et de Papus. Il étudia l'alchimie et réalisa ses premières expériences à travers l'hypnose.

Wirth prétendait n'être que le truchement de son maître, l'occultiste Stanislas de Guaïta, qui lui indiquait, de l'au-delà, la façon dont on pouvait expliquer parfaitement le symbolisme des Tarots.

Il paracheva leur dessin, nous donnant ainsi les Tarots classiques tels qu'ils se présentent aujourd'hui.

AUTRES ORIGINES POSSIBLES

Fez (Maroc). En 1200, certains chercheurs réunis à Fez auraient décidé d'écrire un livre illustré (les Tarots) devant servir de message à tous les sages du monde. Ce fait n'a toutefois jamais pu être prouvé.

Les Croisés (1291, année de la dernière Croisade). Certains affirment que les Tarots ont été introduits en Europe par les Croisés, mais, là encore, aucune preuve n'existe.

Les Bohémiens. Originaires du continent indien dont ils furent chassés, ils traversèrent l'Afghanistan, la Perse et l'Arabie avant de se fixer en Europe vers 1400. En 1350, ils vivaient sur les îles de Crète et de Corfou.

En 1417, ils se trouvaient à Hambourg, en Allemagne, en 1422 à Rome, en 1427 à Paris. Selon certains, les Bohémiens auraient rapporté de l'Inde les cartes du Tarot et les auraient introduites en Occident. Mais en 1300, les Naibs existaient déjà en Italie, ce qui permet de penser que ce ne sont pas les Bohémiens qui ont divulgué les Tarots.

Turin, ville égyptienne. Une légende affirme que la ville de Turin a été fondée par les Egyptiens.

Selon Sebastiano Thesauro, un historien du XVIIe siècle, le prince Eridan, frère d'Osiris, débarqua un jour sur la côte ligurienne et, en s'enfonçant dans la région, il vit une plaine à proximité d'un fleuve (le Pô) lui rappelant le Nil. Il y fonda une colonie égyptienne et imposa le culte d'Apis, incarnation du dieu Ptah représentée par un bœuf ou un taureau (emblème de Turin). Le prince mourut noyé dans les eaux du fleuve qui fut baptisé Eridan en son souvenir. Selon cette théorie, toutes les connaissances ésotériques égyptiennes furent transmises à Turin et des temples y furent édifiés pour célébrer le culte égyptien. Si l'histoire s'est réellement déroulée ainsi, Turin connaissait alors déjà les Arcanes et les Tarots auraient été introduits en Italie à l'époque des Egyptiens.

AUTRE APERÇU HISTORIQUE

Les Teraphim

Les grands prêtres de Jérusalem interrogeaient l'oracle par l'intermédiaire de plaques d'or sur lesquelles avaient été gravés des symboles à l'aide de pierres précieuses. Ces symboles furent ensuite transcrits, après la venue du Christ, sur des tablettes en ivoire, en cuir et autres matières, de façon à en permettre la diffusion. Il y avait en tout vingt-deux tablettes et il semble qu'elles comportaient des symboles magiques importants, à tel point que leur symbolisme put être rattaché à celui des Arcanes majeurs.

L'initiation ésotérique en Egypte

Dans l'Egypte Ancienne, lorsque l'on désirait être initié à la pratique ardue de l'ésotérisme, il fallait se soumettre à des épreuves très sévères. Celles-ci se déroulaient dans la Grande Pyramide, où l'on défilait devant des fresques qui contenaient, semble-t-il, le symbolisme des Tarots. Ce livre mural secret d'Hermès Trismégiste fut recopié sur des tablettes et il nous est parvenu par l'intermédiaire des alchimistes.

LES ANCIENS JEUX DE CARTES LES PLUS CELEBRES

LES TAROTS DE MANTEGNA

Le jeu comporte cinquante cartes réparties en cinq groupes de dix cartes. Il présente de nombreuses ressemblances avec les Tarots modernes.

LE TAROT DE VENISE

Jeu de soixante-dix-huit cartes composé de vingt-deux Arcanes majeurs et cinquante-six Arcanes mineurs.

LE TAROT BOLOGNAIS

Jeu de soixante-deux cartes composé de vingt-deux Arcanes majeurs et quarante Arcanes mineurs. Le 2 - 3 - 4 - 5 de chaque enseigne n'existe pas.

LE MINCHIATE FLORENTIN

Jeu de quatre-vingt-dix-sept cartes. Il comprend les douze signes du zodiaque, les quatre éléments, les trois vertus théologales (charité, espérance, foi) et une vertu cardinale (la prudence).

LE TAROT DES VISCONTI-SFORZA

C'est l'un des jeux les plus anciens. Constitué de soixante-dix-huit cartes, il fut probablement dessiné entre 1432 et 1466, peut-être à l'occasion du mariage de François Sforza avec Blanche-Marie Visconti qui unit les deux familles. Certaines cartes de ce jeu ont été perdues.

LES TAROTS CLASSIQUES

Le jeu traditionnel du XVIIIe siècle s'inspire des gravures originales de Claude Burdel. Ce Tarot comporte les quatre enseignes italiennes et les vingt-deux Arcanes majeurs.

L'AGENCEMENT ESOTERIQUE DES LAMES

LES TROIS CHEMINS

Esprit	I	II	III	IIII	V	VI	VII
Ame	VIII	VIIII	X	XI	XII	XIII	XIIII
Corps	XV	XVI	XVII	XVIII	XVIIII	XX	XXI

Si l'on dispose les vingt et un Arcanes majeurs (le Fou n'étant pas utilisé) sur trois rangées de sept cartes chacune, on forme les chemins représentant les trois aspects principaux qui caractérisent l'homme, à savoir le corps, l'âme et l'esprit.

Ces chemins sont composés de sept cartes qui symbolisent les différentes étapes de l'évolution spirituelle humaine. Pour comprendre les divers stades de cette évolution, il faut prendre en considération l'ensemble des trois chemins simultanément, car la transformation de l'homme se produit à la fois sur le plan de l'esprit, de l'âme et du physique. Il est donc absurde de croire que la partie spirituelle peut évoluer indépendamment des deux autres parties; cela est impossible, car tout changement affectant l'une de ces trois parties a forcément des répercussions sur les deux autres.

Il faut donc procéder à une étude de chaque ternaire, de façon à saisir l'ensemble des transformations touchant les trois parties constitutives de l'être.

Ternaire I-VIII-XV

Esprit I – Le Bateleur: tous les hommes, au début, sont des Bateleurs, c'est-à-dire des novices, en ce sens qu'ils possèdent, sur le plan spirituel, tous les moyens nécessaires pour réaliser leurs objectifs.

Ame VIII – La Justice: l'âme doit se soumettre au Karma ou destin.

Corps XV – Le Diable: sur le plan physique, l'Arcane XV rappelle que l'homme est diable, ce qui signifie qu'il renferme une énergie matérielle utilisée pour la purification.

Ternaire II-VIIII-XVI

Esprit II – La Papesse: le second stade est constitué par l'accomplissement des forces inconscientes ou lunaires.

Ame VIIII – L'Ermite: cette carte représente la recherche intérieure et la prise de conscience.

Corps XVI – La Maison-Dieu: elle symbolise la maîtrise du corps.

Ternaire III-X-XVII

Esprit III – L'Impératrice: utilisation de l'intelligence spirituelle.

Ame X – La Roue de Fortune: compréhension de la périodicité des événements et des états d'âme.

Corps XVII – L'Etoile: l'homme se trouve en harmonie avec toute la Création.

Ternaire IIII-XI-XVIII

Esprit IIII – L'Empereur: symbole de la volonté de l'esprit.

Ame XI – La Force: accomplissement de la force psychique et de la maîtrise de soi.

Corps XVIII – La Lune: complète prise de conscience des forces passives ou féminines.

Ternaire V-XII-XVIIII

Esprit V – Le Pape: enseignements et dévotion.

Ame XII – Le Pendu: sacrifice et renoncement aux plaisirs.

Corps XVIIII – Le Soleil: énergie maximale et maîtrise totale du corps.

Ternaire VI-XIII-XX

Esprit VI – L'Amoureux: équilibre parfait et élimination du dualisme.

Ame XIII – La Mort: renaissance, profond renouvellement de l'âme.

Corps XX – Le Jugement: prise de conscience de l'importance du corps, analyse.

Ternaire VII-XIIII-XXI

Esprit VII – Le Chariot: évolution et persévérance de l'esprit.

Ame XIIII – La Tempérance: contrôle et utilisation des énergies animiques.

Corps XXI – Le Monde: connaissance et maîtrise totale des forces matérielles.

ESOTERISME
ET
SYMBOLISME

LES DEUX ZONES

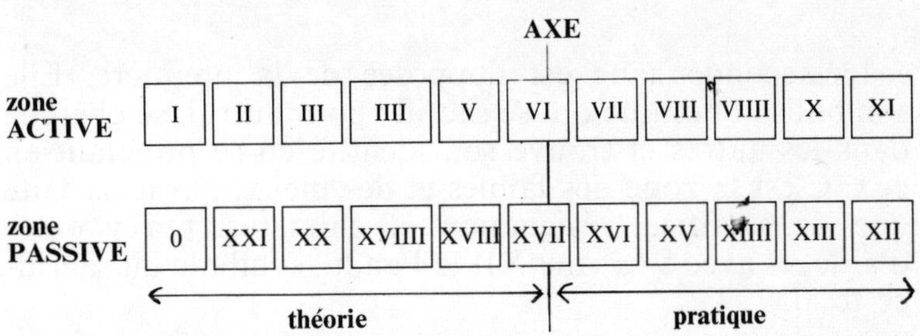

Si l'on dispose les vingt-deux Arcanes majeurs sur deux rangées de onze lames, on forme deux zones, la première active, dite masculine ou rationnelle, la seconde passive, dite féminine ou mystique.

La première zone représente essentiellement l'activité et l'action individuelle, elle concerne les fortes personnalités, les individus sûrs d'eux-mêmes. On y pénètre en exploitant toutes ses capacités personnelles.

Développement:

Arcane I	– Le Bateleur	= la raison
Arcane II	– La Papesse	= l'intuition
Arcane III	– L'Impératrice	= l'intelligence
Arcane IIII	– L'Empereur	= la volonté

Arcane	V	– Le Pape	= l'humanité
Arcane	VI	– L'Amoureux	= l'équilibre
Arcane	VII	– Le Chariot	= la persévérance
Arcane	VIII	– La Justice	= l'autorégulation
Arcane	VIIII	– L'Ermite	= la recherche intérieure
Arcane	X	– La Roue de Fortune	= l'action
Arcane	XI	– La Force	= la force

A travers ces phases successives, l'homme n'agit qu'avec ses propres forces, partant de la Raison pour atteindre la Force et la parfaite maîtrise de lui-même.

La seconde zone est l'opposée de la première. Elle symbolise l'homme qui se sacrifie pour autrui, se cherche dans les autres et trouve son identité en se projetant en eux. C'est la zone des faibles et des pieux, qui n'est faite que de sacrifice, résignation et chimères. On y entre d'ailleurs avec l'Arcane XII le Pendu, symbole du sacrifice total.

Développement:

Arcane	XII	– Le Pendu	= le sacrifice
Arcane	XIII	– La Mort	= le renoncement
Arcane	XIIII	– La Tempérance	= la donation
Arcane	XV	– Le Diable	= la lutte contre les tentations
Arcane	XVI	– La Maison-Dieu	= religiosité et prières
Arcane	XVII	– L'Etoile	= l'amour de la nature
Arcane	XVIII	– La Lune	= la lutte contre les pensées négatives
Arcane	XVIIII	– Le Soleil	= l'amour généreux
Arcane	XX	– Le Jugement	= la foi passive

Arcane XXI	– Le Monde	= l'extase, la béatitude, la transcendance
0	– Le Fou	= le bouffon, l'exaltation mystique

Les lames VI, l'Amoureux, et XVII, l'Etoile, sont situées au centre des deux zones et constituent ce que l'on appelle l'axe du Tarot.

Ce sont des stades très importants qui séparent la pensée théorique de l'action pratique, représentées respectivement par les Arcanes I, II, III, IIII, V pour la zone active et 0, XXI, XX, XVIIII, XVIII pour la zone passive, et par les Arcanes VII, VIII, VIIII, X, XI pour la zone active et XVI, XV, XIIII, XIII, XII pour la zone passive.

Il est intéressant de remarquer le renversement des phases: dans la zone active, on commence par la théorie pour finir par la pratique, alors que dans la zone passive, on commence par la pratique et l'on termine par la théorie.

Dans la seconde zone, l'homme accomplit tout d'abord des actes d'amour et de sacrifice, puis passe à l'étude des dogmes et à la recherche intérieure.

LA ROUE

Si l'on dispose les lames en cercle, comme l'indique le dessin de la page suivante, il n'y a plus de lame initiale, ni de lame finale, mais un mouvement continu.

Cet agencement permet de remarquer que la lame 0, le Fou, revêt une triple signification selon sa position.

Si l'on considère qu'il est placé avant le Bateleur, il symbolise l'individu fou qui s'abandonne aux vices et aux plaisirs matériels, sans comprendre qu'il possède l'étincelle divine. C'est l'image de l'homme commun qui, au lieu de consacrer son énergie à la recherche spirituelle et à

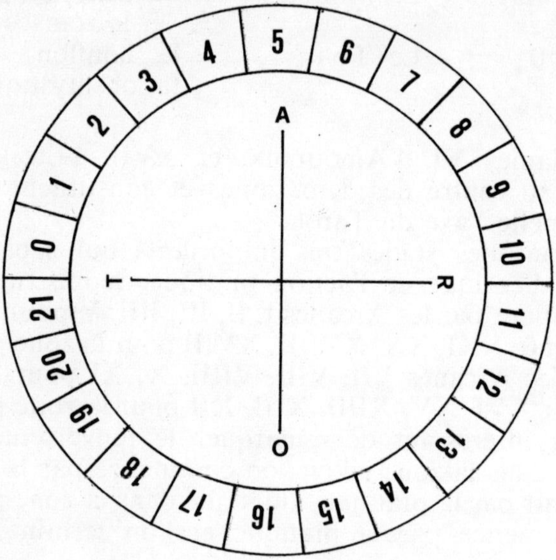

La roue

l'amélioration de soi, reste attaché à ses vices, à ses biens matériels, sans même être conscient que chacune de ses actions est fondée sur l'égoïsme.

Si, en revanche, on considère que le Fou est placé après l'Arcane XXI, le Monde, il représente la folie de la présomption, autrement dit, l'homme qui, étant capable de contrôler certaines forces, s'exalte, se prend pour un dieu et finit par sombrer dans le gouffre de la folie, dont il est très difficile de ressortir.

Si, enfin, cette lame est placée avant la lame du Monde (voir E. Lévi et Papus) et devient de ce fait le 21, c'est encore un signe de folie, mais il s'agit cette fois de la folie qui est propre, si l'on peut s'exprimer ainsi, à l'initié ou au saint. C'est l'image du "bouffon de Dieu", l'homme qui ne possède rien, qui ne désire rien et qui est pris pour un fou par les autres hommes qui ne comprennent pas son comportement.

A l'intérieur du cercle constitué par les lames se trouve la croix constituée par les lettres magiques du Tarot:

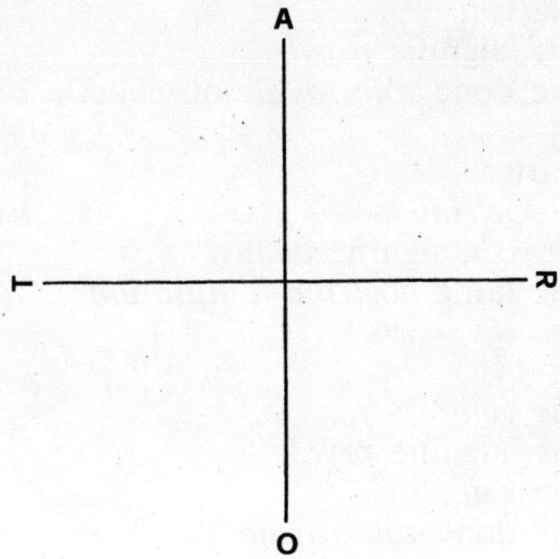

Lues dans le *sens des aiguilles d'une montre*, elles forment le mot TAROT.

Lues dans le *sens inverse de celui des aiguilles d'une montre*, elles forment le mot TORA, qui signifie "loi" en hébreu.

Lues *de droite à gauche*, elles forment le mot ROTA, qui signifie "roue".

Voici le tableau des lectures possibles dans le sens des aiguilles d'une montre:

T	A	RO
A	RO	T
RO	T	A

Les significations sont identiques dans les sens horizontal et vertical:

- TA signifie *voie*
- RO, de *rog*, signifie *royal*

Cela donne donc *voie royale* ou *chemin des rois*

D'autre part:

- A signifie *doctrine*
- ROT, de *rossh*, signifie *début*

Cela donne donc *doctrine d'initiation*

Et encore:

- TA signifie *voie*
- RO, de *rog*, signifie *royal*
- TA signifie *voie*

Cela donne donc *voie royale*

I – LE BATELEUR

Le Bateleur est l'Arcane I, qui symbolise le principe actif, l'action, le Soleil. Il représente l'homme, le novice, au commencement de son expérience. Celui-ci dispose de tout ce qui lui servira à traverser les épreuves de la vie, à évoluer.

Cette carte est illustrée par un jeune homme vêtu en saltimbanque. Son chapeau a la forme d'un huit couché, symbole mathématique de l'infini. Le bord de ce chapeau représente la volonté (le jaune) associée à la raison (le vert) et à l'activité (le rouge). L'intérieur du chapeau est bleu clair, signe de spiritualité.

L'ensemble de ces qualités sont situées au sommet de la tête, et c'est leur interaction qui va permettre au novice d'entreprendre le voyage qu'il s'est fixé.

Le Bateleur a des cheveux blonds et frisés, comme le Dieu Apollon.

Son habit (un justaucorps) est fermé par cinq boutons qui indiquent la quintessence. Les couleurs de cet habit sont: le rouge, représente l'activité; le bleu clair, la spiritualité; le jaune, la volonté; le vert, la raison. Le galon blanc qui borde le vêtement du Bateleur symbolise la pureté de l'âme, reliée à la spiritualité du bleu ciel.

Ses chaussures sont noires, car elles illustrent le début de l'occultisme ésotérique; la couleur noire protège, en effet, la connaissance en éloignant les vibrations négatives.

La position du Bateleur, jambes écartées, bras gauche pointé en l'air et bras droit dirigé vers le bas, décrit la forme de la lettre Aleph (Alpha), la première lettre de l'alphabet hébreu. La main gauche, symbole de l'intuition, du spirituel, est orientée vers le ciel, tandis que la droite, symbole de la rationalité, est dirigée vers la terre, vers le matériel.

La table placée devant lui possède quatre pieds dont trois seulement sont visibles et correspondent aux trois règnes de la nature: animal, végétal et minéral. Le pied invisible – quatrième règne – représente le spirituel qui transcende les possibilités physiques. Les trois pieds de la table sont verts, parce qu'ils symbolisent la raison sur laquelle repose la recherche, représentée par la couleur orange de la table.

Une fleur rouge est dessinée sous la table, dont les trois feuilles figurent le ternaire. Cette fleur illustre le chemin à peine entamé vers le monde du spirituel.

Sur la table orange (la recherche), sont disposés une coupe, une épée, un denier. Dans sa main gauche, le Bateleur tient une baguette magique. Ces quatre objets correspondent aux quatre verbes de la réalisation ésotérique que l'on peut exprimer de la façon suivante:

Savoir = Coupe = Eau = saint Matthieu = Cœurs = ה Hé.

Oser = Epée = Air = Aigle = saint Jean = Piques = ו Vau

Vouloir = Bâton = Feu = Lion = saint Marc = Trèfles = י Yod

Se taire = Denier = Terre = Taureau = saint Luc = Carreaux = ה Hé

On a également:

Savoir = Esprit Saint

Oser = Fils

Vouloir = Père

Se taire = Humanité

Le pommeau rouge de la baguette magique est dirigée vers le ciel et le pommeau bleu vers la terre, pour indiquer l'activité du magicien consacrée à la recherche de la connaissance.

La coupe en argent, matière qui représente l'intuition, est pleine d'un liquide rouge symbolisant la connaissance de l'âme de la terre (lumière astrale ou grand agent magique). La base hexagonale de la coupe représente l'hexagramme (Sceau de Salomon), le macrocosme et le microcosme.

L'épée exprime le verbe oser: les faibles ne peuvent, en effet, accéder à la connaissance ésotérique. L'épée est placée près de la coupe, car ce n'est qu'en osant que l'on peut atteindre le savoir. Elle indique également l'emprise de l'homme sur les forces inférieures.

L'index de la main droite est pointé sur le denier qui symbolise le silence et la victoire sur le mal, le contrôle psychophysique de l'esprit sur le corps.

Sur le denier, on distingue le pentacle de la croix qui, en ésotérisme, représente le quaternaire magique.

En philosophie hermétique, il désigne l'alchimiste résolu à accomplir le Grand Œuvre.

Lorsque les lames sont disposées sur trois rangées de sept, le Bateleur est la première lame du chemin de l'esprit. C'est également la première lame quand celles-ci sont agencées en deux rangées de onze, la première étant la zone de l'activité, dite masculine, qui commence précisément par le Bateleur. Le Bateleur représente donc toujours la grande initiation de l'homme ayant compris qu'il possédait en lui toutes les qualités requises pour accéder à la lumière divine et sachant qu'il est investi par l'étincelle divine en tant qu'être spirituel.

Le Bateleur est également appelé saltimbanque, grand magicien ou prestidigitateur.

Les petites plantes qui poussent ici et là sur le terrain symbolisent le mouvement ascendant de la spiritualité, c'est-à-dire la naissance et la croissance d'un sentiment noble qui est en train de prendre forme.

La baguette magique représente également le principe masculin, le phallus, le père, et correspond à la lettre YOD de l'alphabet hébreu.

La coupe représente le principe féminin, le vagin, la mère, et correspond à la lettre HE de l'alphabet hébreu.

De l'union de ces deux éléments naît le fils, indiqué par l'épée, qui équivaut à la lettre VAU de l'alphabet hébreu. Le denier correspond enfin à la synthèse qui ramène de nouveau l'ensemble à la trinité, et donc à la lettre HE. On obtient ainsi le grand tétragramme divin: YOD, HE, VAU, HE.

SYMBOLISME

Le point • représente l'unité, le commencement, le Père créateur qui est à l'origine de tout. C'est la concentration de toutes les énergies, la plénitude parfaite.
A – α – indique toujours le commencement et l'unité.

Symbole principal *Autres symboles*

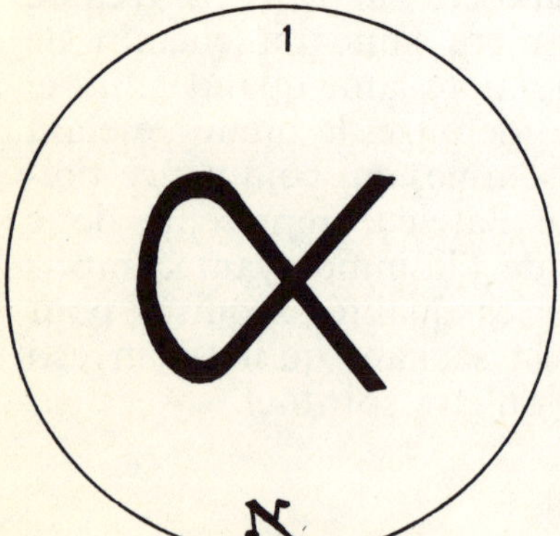

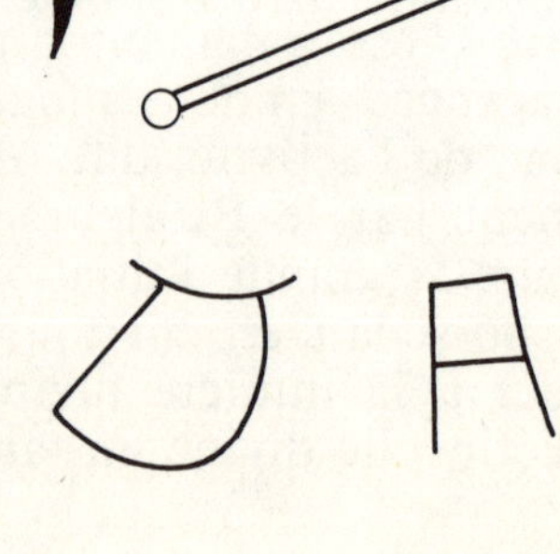

II – LA PAPESSE

Si le Bateleur est l'élément actif, représenté par le Soleil, la Papesse, l'Arcane II, le binaire, est l'élément passif, représenté par la Lune. Le Bateleur symbolise la raison, l'action; la Papesse incarne l'imagination, l'intuition, l'inconscient.

Elle est assise sur un trône entre deux colonnes. Ce sont les colonnes du Temple de Salomon, *Jakin* et *Boaz*, l'actif et le passif, les deux pieds de l'Adam Céleste.

L'une des colonnes est rouge: symbole du feu, du principe masculin, du soufre. L'autre colonne est bleu clair: symbole de l'air, du principe féminin, du mercure. Un voile est tendu entre les deux colonnes empêchant l'accès aux connaissances supérieures. Chaque colonne comporte trois bandes dorées représentant le double ternaire, l'hexagramme, l'équilibre.

L'envers du voile qui repose sur ses épaules est de couleur jaune; cela signifie que la lumière brille au-delà des colonnes, mais qu'il faut la conquérir par une recherche permanente.

Les pointes du croissant de lune doré qui orne le sommet de la tiare sont dirigées vers le haut pour recevoir les énergies émanant des sphères supérieures. La Papesse est coiffée de deux couronnes d'or; la première lui ceint le front et représente la philosophie occulte, la seconde, plus petite, symbolise la foi.

Un voile couvre une partie de son visage et de ses

épaules: il sert à cacher le moi profond de l'être, l'inconscient qui émerge, la partie la plus intime de l'individu.

Le vêtement est bleu afin de symboliser la spiritualité et la sensibilité; l'étole pourpre indique l'activité et l'énergie, tandis que la doublure verte évoque les pensées tournées vers la recherche du Divin. Sur sa poitrine, on distingue une croix blanche qui forme une barrière. C'est signe qu'il faut encore plus approfondir sa recherche pour pouvoir parvenir aux connaissances intérieures, ainsi que le rappellent également les quatre petites croix disposées sur les bras de la grande croix.

La Papesse tient un livre à moitié fermé dans sa main droite, sur la couverture duquel est dessiné le Tao symbole du *Yin* et du *Yang*. C'est le livre de l'équilibre parfait, du secret de la vie, auquel on ne peut accéder que si l'on possède les clefs d'or et d'argent que la Papesse tient dans sa main gauche.

La clef d'argent synthétise, en outre, le contenu de toute la lame; elle est appelée la clef d'Isyde. C'est la recherche active, le quaternaire qui engendre l'action. L'anneau de la clef d'or a la forme d'un triangle et symbolise la foi orientée vers la recherche divine.

La Papesse prend appui sur le sphinx, représentant le mystère de la vie et pose les trois questions fondamentales: *Qui sommes-nous? D'où venons-nous? Où allons-nous?*

Le coussin représente *Malkouth*, le règne du monde physique, qui a été soumis aux forces combinées du Bateleur (l'action) et de la Papesse (l'intuition). C'est le pied droit qui repose sur le coussin, car la partie droite évoque l'action, la matière.

Le sol, en harmonie avec l'ensemble de la carte, désigne la dualité, le Yin et le Yang, la lumière et l'ombre, l'actif et le passif, le masculin et le féminin, en somme le chiffre deux.

La Papesse est également appelée Isyde, Cybèle, Junon. Elle est la parole créatrice, la pensée qui engendre l'idée.

Le novice, pour pouvoir suivre le chemin choisi, doit joindre à l'action et à la volonté la pensée consacrée à la recherche spirituelle. La pensée est faite d'énergie et, en tant que telle, doit être affectée d'une polarité positive; c'est le seul moyen pour le novice d'atteindre un parfait équilibre psychophysique et d'approfondir sa recherche difficile, parsemée d'inconnues.

SYMBOLISME

Le père qui s'unit à la mère, le Soleil qui se marie avec la Lune, le Ciel qui se fond avec la Terre. L'actif qui s'unit au passif. Eve qui naît de la côte d'Adam.
Homme = Adam = Yod
Femme = Eve = Eva
Yod + Eva = Jodeva = Jehova

Homme – Dieu

Dieu dans l'humanité et l'humanité en Dieu.

Le ciel est la force qui s'unit avec la base, c'est-à-dire la Terre.

En réunissant les trois points, on forme le triangle. Ce sont les deux polarités, l'une positive, masculine, le Ciel, l'autre négative, féminine, la Terre. Le sommet représente l'union.

Symbole principal

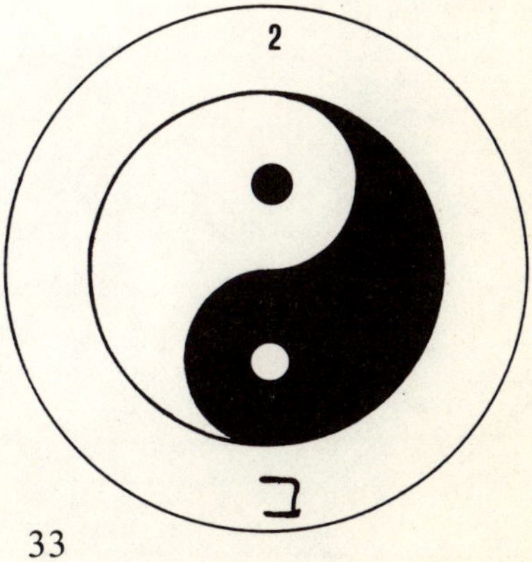

Autres symboles

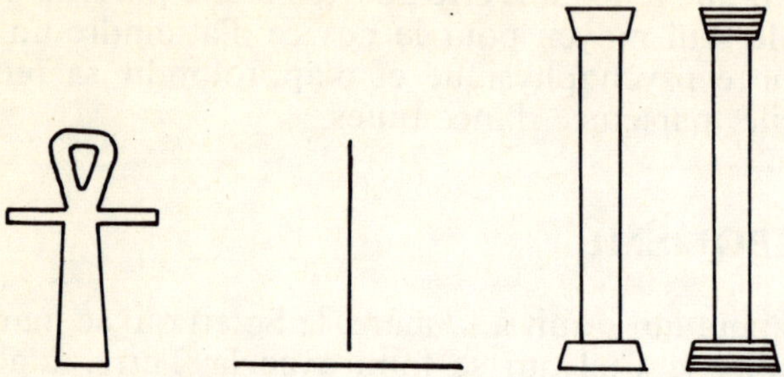

III – L'IMPERATRICE

De l'union du Bateleur, le un, l'action et de la Papesse, le deux, l'intuition, naît le numéro trois, l'intelligence, représentée par l'Impératrice: on forme ainsi le ternaire. C'est une image féminine, car elle symbolise la Nature entière.

Dans l'auréole blanche entourant sa tête et désignant la création, gravitent douze étoiles, dont trois sont invisibles. Ce chiffre évoque les douze signes du Zodiaque et les neuf étoiles visibles peuvent être interprétées comme les neuf mois de la gestation humaine. L'image de l'Impératrice est engendrée par la pensée de la Papesse, unie au Bateleur.

La couronne dont elle est coiffée représente la domination du monde physique, le pouvoir intellectuel et spirituel (les trois calottes sphériques).

Les ailes sont le symbole de la spiritualité élevée que l'homme doit atteindre pour pouvoir maîtriser la nature. Elles représentent, en outre, la lumière astrale (AKASHA) et le corps éthérique.

Dans sa main gauche, l'Impératrice tient un sceptre d'or qui présente à son extrémité supérieure le symbole du monde surmonté de la croix. C'est le symbole de la substance primordiale activée par une intelligence coordinatrice, c'est-à-dire les quatre forces de la Nature (la Croix) sur la planète Terre, qui existe en vertu de ces forces.

La main droite de l'Impératrice repose sur un blason rouge (l'activité) sur lequel est peint un aigle blanc, symbole de l'âme purifiée.

A côté d'elle se trouve un lys blanc, symbole de la pureté.

Son pied gauche, celui de l'intuition, repose sur un croissant de lune dont les pointes sont tournées vers le bas: c'est la domination de l'intelligence sur le monde lunaire, de la pensée, de l'intuition, de la matière spiritualisée.

En ce qui concerne la symbolique des couleurs, le bleu indique la spiritualité, le rouge l'énergie qui tend vers la spiritualité, le jaune la royauté. Le novice, après avoir atteint le juste équilibre entre la raison et l'intuition, a pu accéder à un niveau supérieur; il se trouve maintenant sur le plan éthérique (représenté par les ailes de l'Impératrice); ses pensées se sont tournées vers la recherche intérieure (le vert de la doublure du manteau), il sait maintenant contrôler son corps et il est prêt à poursuivre le chemin dans lequel il s'est engagé.

SYMBOLISME

Le ternaire, la trinité, la naissance de l'enfant, qui est le fruit de l'union du père (le Bateleur) et de la mère (la Papesse).

L'enfant représente l'homme dans sa totalité (l'humanité). Il est le microcosme, fait à l'image et à la ressemblance du macrocosme (Dieu).

C'est l'ombre de la lumière, le reflet de ce qui est élevé.

Le triangle dont le sommet est dirigé vers le haut △ représente le macrocosme, l'œil de Dieu ainsi que la lumière.

Le triangle dont le sommet est vers le bas ▽ désigne le microcosme, le reflet, l'ombre, la création.

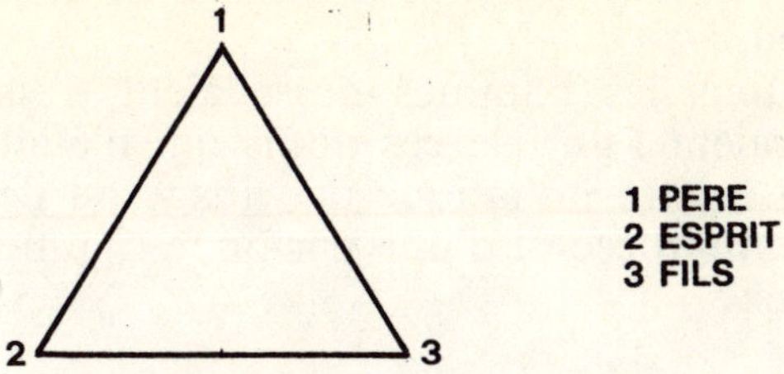

Ternaires = Ciel, Terre, Homme.
= Esprit, Ame, Corps.
= Soufre, Mercure, Sel.
= Dieu, Homme, Nature.
= Providence, Volonté, Destin.
= Passé, Présent, Futur.

Le *mantra* (formule sacrée) OM représente également le ternaire, parce qu'il comporte les lettres AUM, ce qui donne:

A: corps, terre, état de veille, vie terrestre, production, Brahma. Cette lettre correspond au monde corporel.
U: âme, atmosphère, état de rêve, monde intermédiaire, conservation, Çiva. C'est le monde du spirituel.
M: esprit, ciel, état de sommeil, monde céleste, transformation, Vishnu. C'est le monde de l'absolu.

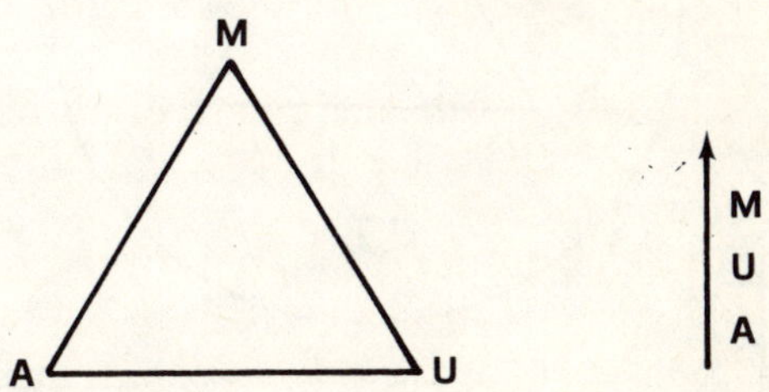

Tous les *mantras* se terminant par le son M s'élèvent vers Dieu. Le nom de l'homme doit également être divisé en trois, parce que l'homme est fait à l'image et à la ressemblance de Dieu.

Dans l'antiquité, tous les hommes possédaient trois noms, mais ils ignoraient l'un de ces noms qui n'était connu que du grand maître initiatique du village ou de la tribu. Connaître le nom secret d'une personne signifie posséder cette personne.

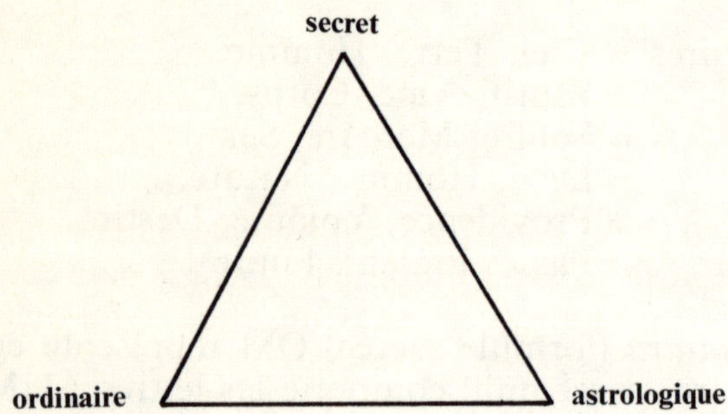

Symbole principal

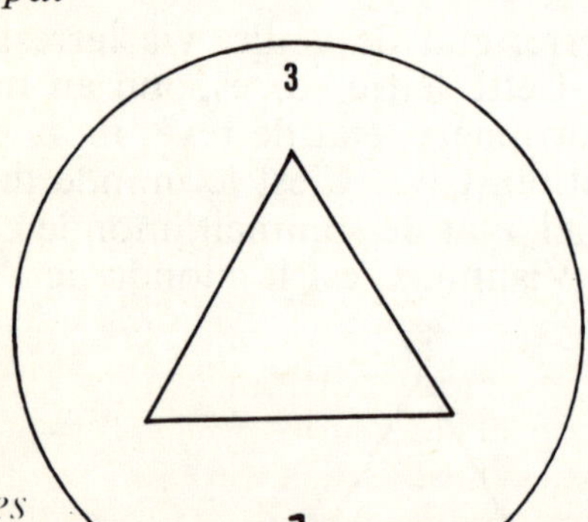

Autres symboles

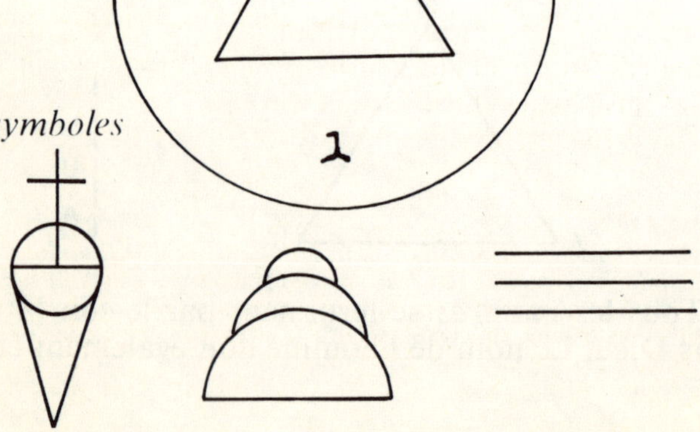

IIII – L'EMPEREUR

L'Empereur est l'Arcane IIII, le quaternaire.

On y voit un homme assis sur un cube représentant le monde matériel sous tous ses aspects, la pierre philosophale, dominés par l'Empereur. L'aigle noir qui figure, de profil, sur l'une des faces du cube symbolise, ici, le corps matériel. Ses ailes sont divisées en quatre parties pour indiquer le quaternaire. Le cube est jaune, car c'est la couleur de la volonté: la volonté est, en effet, nécessaire pour pouvoir dominer la matière.

Au sommet du casque de l'Empereur, on distingue quatre triangles dont les pointes sont orientées vers le haut, en signe d'emprise sur les quatre forces de la Nature. Le bord du casque s'enroule en spirale derrière la nuque et se déroule vers le ciel au-dessus du front. Il représente la *Kundalini*, la force vitale qui s'élève du premier Chakra[1] vers le dernier, la maîtrise totale des énergies. L' Empereur porte un collier jaune, symbole de la coordination et de l'ordre.

La cuirasse symbolise la protection, l'invulnérabilité vis-à-vis des influences néfastes de la matière qu'il domine

[1] *Chakra*: nom donné aux centres du corps subtil; les chakra sont au nombre de sept, le premier étant situé au niveau de l'anus et le dernier au-dessus de la tête où l'iconographie religieuse place l'auréole des saints. Il est à noter que ces centres du corps subtil, parfaitement délimités, ne correspondent pas avec les différents organes du corps vulgaire. C'est par analogie que l'on associe aux sept chakra des organes du corps grossier.

parfaitement. On distingue sur la cuirasse le Soleil et la Lune, signes de la maîtrise des forces matérielles et spirituelles, de la raison et de l'imagination, et c'est cette domination qui le protège et le rend invulnérable.

Dans sa main gauche, celle symbolisant l'intuition, il soutient le monde, qui est surmonté d'une croix. L'Empereur connaît donc l'âme de la planète Terre et des quatre éléments.

Dans sa main droite, celle symbolisant la volonté, il tient un sceptre d'or. La poignée se termine par un croissant de lune (le croisillon) dont les pointes sont tournées vers le haut pour recevoir l'aide des forces supérieures.

Le sommet du sceptre se divise en trois branches (le ternaire) qui, ajoutées au sceptre, forment le quaternaire. Cela évoque également le trident magique indiqué par 3 + 1. Ce sont les aspirations nées de l'idéalité qui permettent de dominer les sphères les plus hautes de la pensée humaine.

A côté de l'Empereur, on retrouve la tulipe, fleur que l'on avait déjà observée sur la lame du Bateleur, mais qui est maintenant plus ouverte. Elle symbolise la progression de la réalisation de l'être d'étape en étape. Les quatre pétales évoquent le quaternaire.

La position des jambes de l'Empereur dessine un triangle dont la pointe est tournée vers le bas, signe de sa domination totale sur le microcosme, la sphère de l'âme, la lumière astrale.

La boucle qui orne ses souliers représente le symbole du Soleil, c'est-à-dire l'activité, la force, l'énergie. La couleur bleue des souliers indique que sa force repose sur sa spiritualité.

L'ensemble de la carte symbolise la domination complète du monde des éléments, à laquelle l'initié doit parvenir. Pour aboutir à ce résultat, il doit d'abord apprendre à connaître les éléments, puis à les contrôler en s'imposant une certaine ligne de conduite. Ce n'est

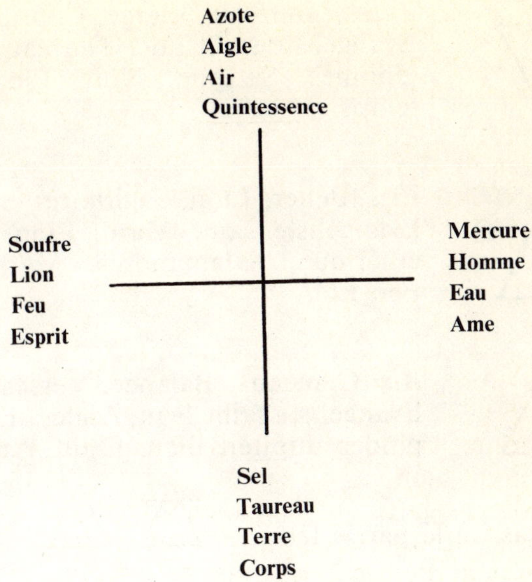

qu'après avoir acquis la maîtrise des éléments et de tout ce qu'ils symbolisent que l'initié pourra poursuivre sa recherche.

SYMBOLISME

Le quaternaire, les quatre forces de la nature (TERRE - FEU - EAU - AIR) dont l'union est à l'origine du microcosme, de la vie, du monde matériel.

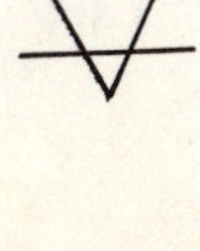

Eau (Cancer, Scorpion, Poissons)
Evangéliste saint Matthieu, Ange, l'Ame, Ondines, Vénus, Vert, Cuivre, Hiver.

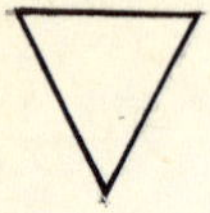

Terre (Taureau, Vierge, Capricorne)
Evangéliste saint Luc, Taureau, le Corps, Gnomes, Saturne, Noir, Plomb, Printemps.

Feu (Bélier, Lion, Sagittaire)
Evangéliste saint Marc, Lion, le Corps éthérique, Salamandres, Mars, Rouge, Fer, Eté.

Air (Gémeaux, Balance, Verseau)
Evangéliste saint Jean, Aigle, l'Esprit, Sylphides, Jupiter, Bleu, Etain, Automne.

L'air assimilé par le feu 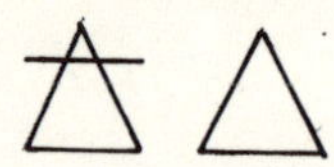

L'eau épaissie par la terre 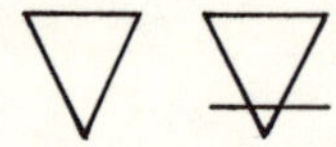

La terre (1), grâce au feu (2), s'évapore dans l'air (3) pour se condenser en eau (4) et retourner sur la terre (1). On a ainsi le *Solve et Coagula* de la magie.

Les quatre symboles des évangélistes:

Ange St Matthieu	Taureau St Luc	Lion St Marc	Aigle St Jean
	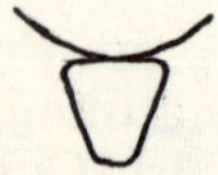		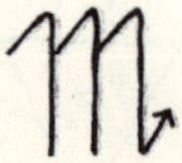

Symbole principal

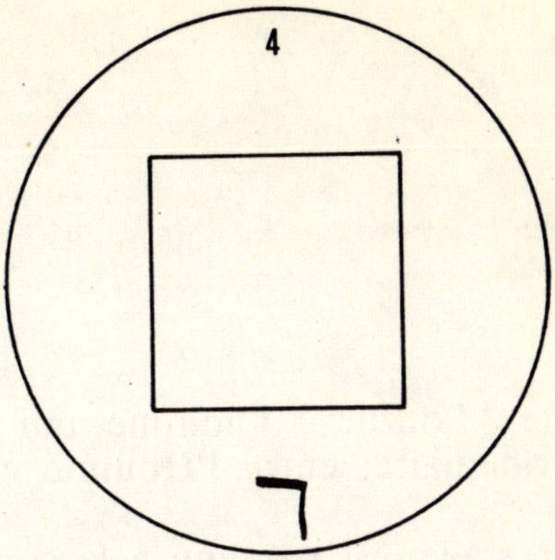

Autres symboles

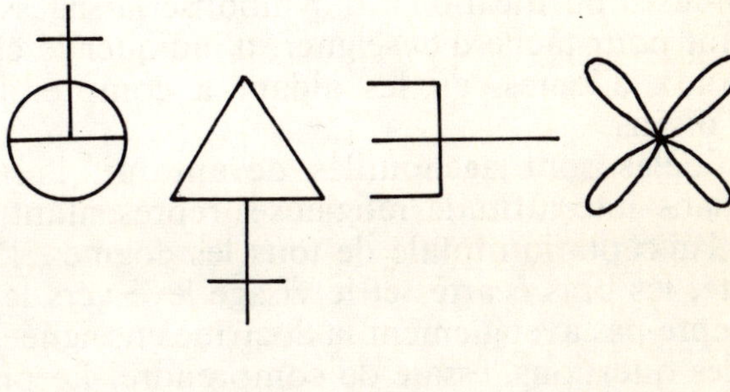

V – LE PAPE

Pape signifie “Pontife”, l’homme qui constitue un pont, un intermédiaire, entre l’Homme et Dieu. C’est l’Arcane V.

L’initié, à ce stade, est parvenu à la connaissance totale.

Le Pape est représenté par un vieil homme, parce qu’il a atteint ce niveau après un travail long et intense, après de nombreuses purifications. Il symbolise la sagesse. Il a maintenant pour tâche d’enseigner, d’indiquer le chemin à suivre aux adeptes, en les aidant à comprendre les mystères divins.

Deux fidèles sont agenouillés devant lui, l’un à sa gauche, dans une attitude religieuse, représentant la foi soumise, l’acceptation totale de tous les dogmes, l’autre, à sa droite, les bras écartés et le visage levé vers le haut, qui n’accepte pas aveuglément la doctrine enseignée, mais se pose des questions, essaie de comprendre. Le premier symbolise la foi passive, le deuxième la foi active. Tous deux portent la tonsure et sont vêtus de l’habit monacal: on peut en déduire que ce sont des novices. Les couleurs des frocs sont inversées pour indiquer ce dualisme, cette diversité dans l’acceptation de la foi.

Le Pape est assis entre deux colonnes, les mêmes que celles de la Papesse, c’est-à-dire *Jakin* et *Boaz*.

Il est coiffé du trirègne, qui est ainsi formé: la première couronne représente le culte, la seconde la connaissance des lois divines, la troisième la foi; la croix qui surmonte l'ensemble symbolise le quaternaire magique.

Ses yeux sont bleus et sa barbe blanche, pour évoquer la pureté de l'âme, la justesse de l'enseignement dispensé aux adeptes et les épreuves surmontées.

Son manteau, rouge, signe d'action, de purification, est fermé sous sa gorge par une broche qui est le symbole du Soleil, de l'énergie active. Son habit est bleu et vert, couleurs désignant respectivement la spiritualité et la connaissance.

Sa main droite, levée, accomplit le geste de la bénédiction, symbole du Pontife qui a le pouvoir de transmettre les forces supérieures aux hommes.

Il tient la crosse dans la main gauche, symbole du pouvoir de l'âme. La crosse est formée d'une triple croix symbolisant:

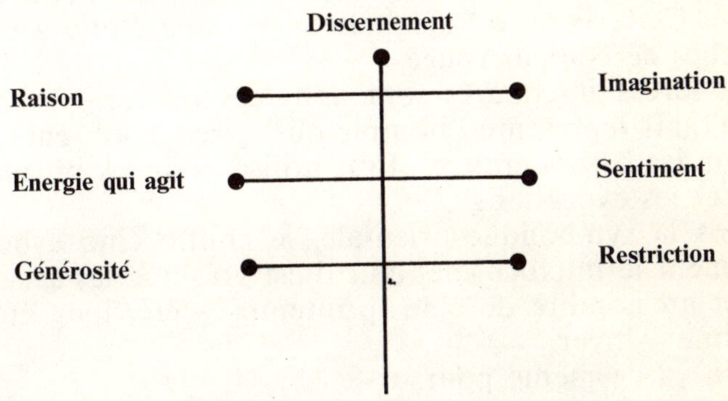

L'ensemble de cette triple croix engendre un septenaire (les sept extrémités de la crosse) qui symbolise le chiffre de l'harmonie universelle: les sept planètes, les sept nuits, les septs chakras, etc.

La partie droite de la croix illustre l'activité (raison, énergie, générosité), la partie gauche la passivité, l'intuition (imagination, sentiment, restriction), par opposition à la première.

Au sommet, on trouve le discernement, le choix.

Le Pape porte des gants blancs ornés de croix bleues, signe de la pureté atteinte grâce à la spiritualité de l'âme.

Cette cinquième lame représente le pentagramme flamboyant, symbole du microcosme, de l'homme ou, si elle est renversée, de la bête. Cela signifie que l'homme jouit du libre arbitre et peut donc décider aussi bien de s'élever vers les forces du bien, que de sombrer vers les forces du mal.

SYMBOLISME

Le cinq représente l'homme; il indique l'homme évolué qui comprend la spiritualité présente en lui, l'étincelle divine. Cette lame est symbolisée par une étoile à cinq branches de couleur rouge.

Les forces inférieures sont annulées par ce symbole, parce qu'il représente l'homme qui, grâce à son énergie, éloigne les basses entités. Il est utilisé pour les purifications et les évocations.

Dans la symbolique orientale, le chiffre cinq évoque également le microcosme, tant il est vrai que les saisons y sont au nombre de cinq: printemps – été, long été – automne – hiver.

Il en va de même pour:

– les *couleurs*: Rouge - Blanc - Noir - Bleu - Jaune
– les *éléments*: Feu - Métal - Eau - Bois - Terre
– les *planètes*: Mars - Vénus - Mercure - Jupiter - Saturne
– l'*orientation*: Sud - Ouest - Nord - Est - Centre

Les civilisations anciennes avaient recours à cinq notes (penta). La musique ainsi créée est d'ailleurs appelée pentaphonique et elle était notamment utilisée dans la

Grèce antique, car c'est un type de musique sacrée faisant surgir chez l'auditeur des souvenirs ancestraux qui l'unissent à la divinité.

Symbole principal

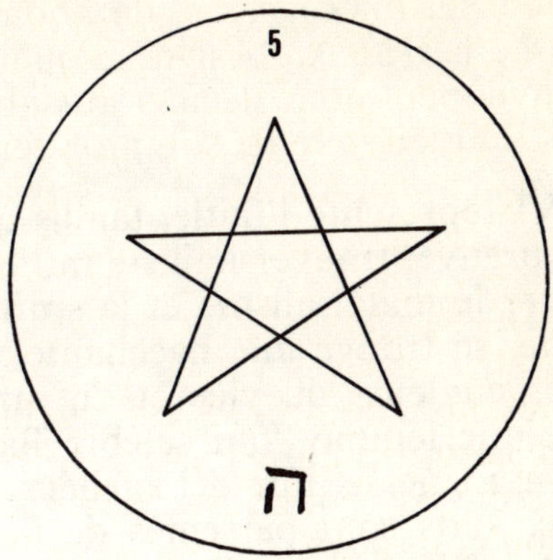

Autres symboles

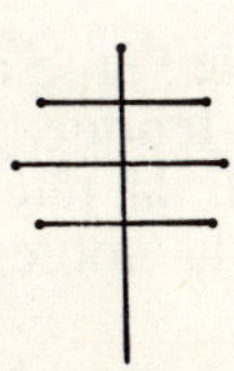

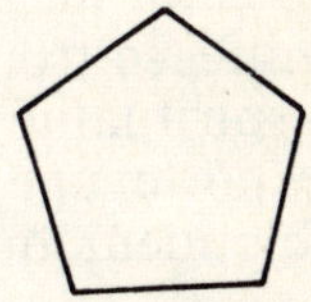

VI – L'AMOUREUX

L'Arcane VI représente l'initié, tandis qu'il affronte la plus grande épreuve: trouver le juste milieu entre le bien et le mal, entre le matérialisme et la spiritualité.

A sa gauche, se trouve une bacchante vêtue de jaune et de vert, les couleurs du vice et du matérialisme. La bacchante est une femme "qui célèbre Bacchus", autrement dit une ivrognesse, une débauchée.

Ses cheveux verts sont parsemés de fleurs, indiquant la luxure et le plaisir des sens. Cette femme essaie d'attirer l'initié vers elle de son bras droit, symbole de volonté, de rationalité. Ses pieds nus représentent la bassesse de ses instincts. Ils reposent sur l'herbe verte, ce qui indique que son règne est celui du matérialisme.

A droite de l'initié, se trouve une femme vêtue de bleu et de rouge (la spiritualité et l'énergie tendue vers la spiritualité). Elle porte une couronne sur la tête et ses cheveux ont la blondeur qui symbolise la noblesse des sentiments.

Sa main gauche, celle de l'intuition et des choix de l'esprit, est posée sur l'épaule de l'initié pour l'inciter à choisir son camp. Cette femme est vue de profil, car le chemin de la connaissance est semé d'embûches et doit être conquis au prix de souffrances et de renoncements. La bacchante, elle, est vue de face, parce qu'elle a choisi le chemin de la facilité, celui qui procure bien-être et plaisirs faciles.

L'habit de l'initié fait alterner le rouge et le vert; cette alternance de l'énergie spirituelle, du matérialisme et du vice symbolise l'équilibre magique, l'absence de sentiments égoïstes, l'amour purement altruiste, dont on ne tire aucune satisfaction, aucun profit.

Les parties jaunes du vêtement indiquent la volonté de l'initié qui parvient, grâce à celle-ci, à équilibrer les deux pôles d'attraction.

Les yeux de l'Amoureux sont baissés vers la terre pour évoquer son indifférence totale. Ses bras, croisés sur sa poitrine, symbolisent le microcosme et le macrocosme, l'équilibre parfait.

Un double hexagramme est dessiné dans la partie supérieure de la carte, l'un rouge, l'autre vert: le rouge représente l'énergie spirituelle, le vert le matérialisme. L'hexagramme rouge est orienté vers la femme située à droite de l'initié, ce qui accroît sa force, tandis que l'hexagramme vert est dirigé vers la bacchante qui représente, comme nous l'avons vu, le matérialisme et le vice.

Au centre, on distingue Cupidon, le libre arbitre, dans un cercle blanc (l'âme), prêt à décocher une flèche. Ses ailes sont bleues et ses cheveux sont blonds. Le choix du libre arbitre est dicté par le "Moi transcendant", par l'étincelle divine. L'arc et les flèches sont verts, car, dans tous les cas, les répercussions se produiront sur le monde matériel.

Cette lame représente l'hexagramme, le Sceau de Salomon, le parfait équilibre magique (le statisme) entre macrocosme et microcosme, entre forces supérieures et forces inférieures. Cela signifie que l'Homme, pour pouvoir se réaliser complètement, même s'il possède maintenant la connaissance des forces divines et sert d'intermédiaire entre le Ciel et la Terre, doit atteindre, grâce au libre arbitre (l'arc tendu), l'impersonnalité totale.

On entend par impersonnalité l'amour universel, l'absence totale d'égoïsme, de dualisme, de subjectivité. Il s'agit, autrement dit, de *Donner* sans *Avoir* ou *Vouloir* quoi que ce soit en échange: parce qu'amour signifie altruisme. Rester indifférent aux forces du mal et ne pas profiter des forces du bien lorsque l'on est en mesure de les utiliser. C'est ce que signifie être *Amoureux*, car on a alors atteint le seul et véritable *Amour*.

SYMBOLISME

Le chiffre six représente l'équilibre parfait. Les deux triangles s'unissent et forment le Sceau de Salomon. Le microcosme (triangle dont la pointe est dirigée vers le bas) s'associe au macrocosme (triangle dont la pointe est dirigée vers le haut).

Nous avons donc deux énergies dont l'une est le reflet de l'autre.

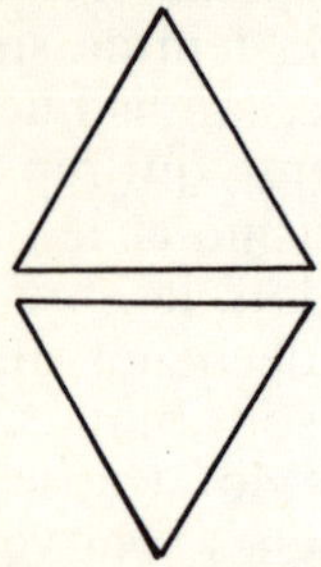

L'hexagramme est également une représentation des sept planètes dont le Soleil, situé au milieu, constitue le centre invisible, l'esprit de toute chose.

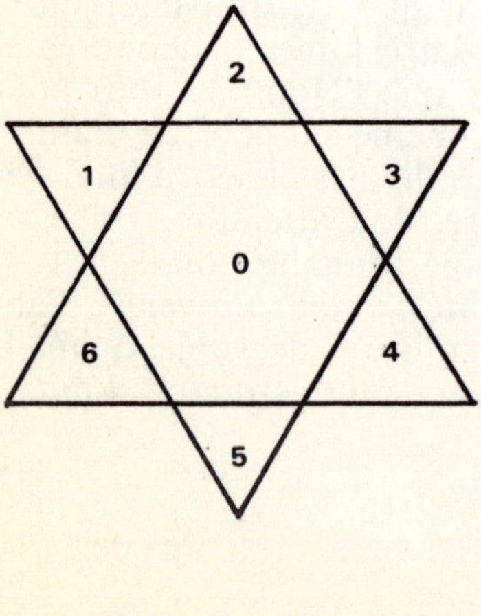

0 Soleil
1 Vénus
2 Mercure
3 Lune
4 Saturne
5 Jupiter
6 Mars

On peut de même établir une correspondance avec les sept jours de la semaine: les six jours de la création, plus le septième, jour du repos.

Le triangle dont le sommet pointe vers le haut représente également Adam, le Yang; il est de couleur rouge et de sexe masculin. Le triangle dont le sommet est orienté vers le bas représente Eve, le Yin; il est de couleur bleue et de sexe féminin.

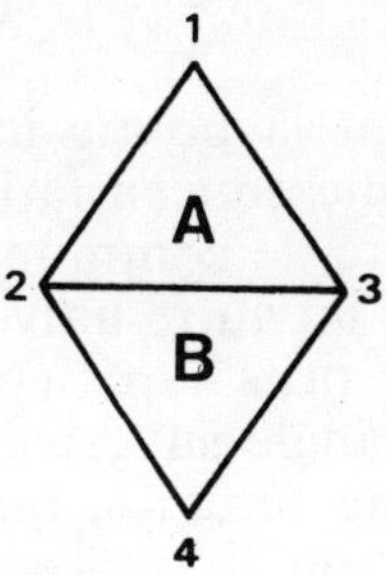

Le triangle B est le reflet du triangle A.

Le un et le quatre unissent et concilient.

Le un est commencement, le quatre la résultante.

Le triangle B est l'ombre du triangle A.

Le triangle A symbolise l'évolution, le triangle B la régression.

On peut remarquer qu'il est difficile de monter vers le sommet du triangle A, sa large base facilitant la chute.

Il est, en revanche, facile de descendre vers la pointe du triangle B, du fait de sa forme en entonnoir, et malaisé d'en ressortir, pour les mêmes raisons.

Le un constitue l'entrée (la bouche) du triangle 1 - 2 - 3 qui représente le corps évolué.

Dans la partie 2 - 3 se trouve l'estomac, à partir duquel on peut encore s'élever vers les sphères supérieures. Le point 4 symbolise la sortie.

Position des marches de la Pyramide

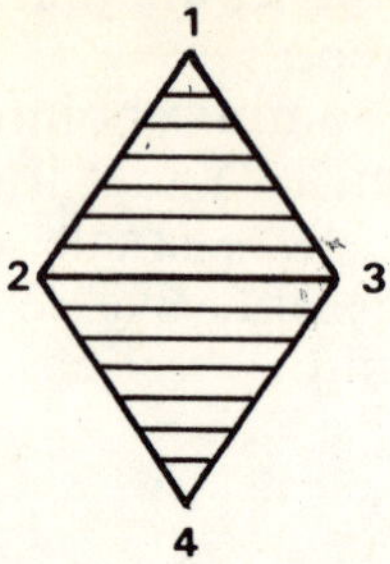

Lorsque l'on atteint la pointe inférieure, il n'y a pas d'annulation, mais une concentration et une évacuation qui pourrait permettre de communiquer avec le sommet d'un autre triangle, d'un autre univers, d'une autre forme (caractéristique des esprits supérieurs).

Au sommet du triangle supérieur, on se projette vers le haut, vers un autre ternaire, qui pourrait être la régression d'une évolution.

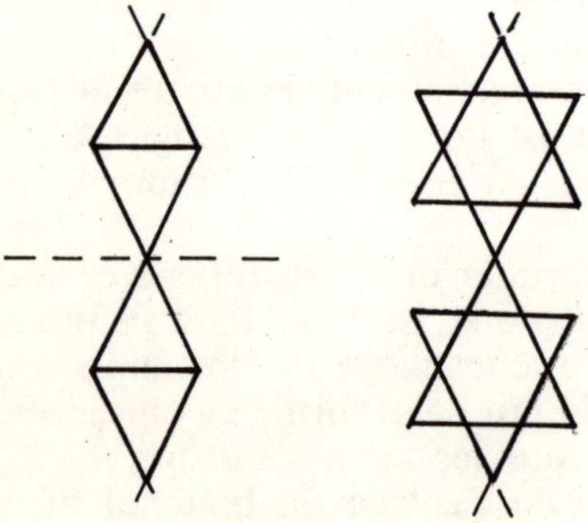

Symbole principal

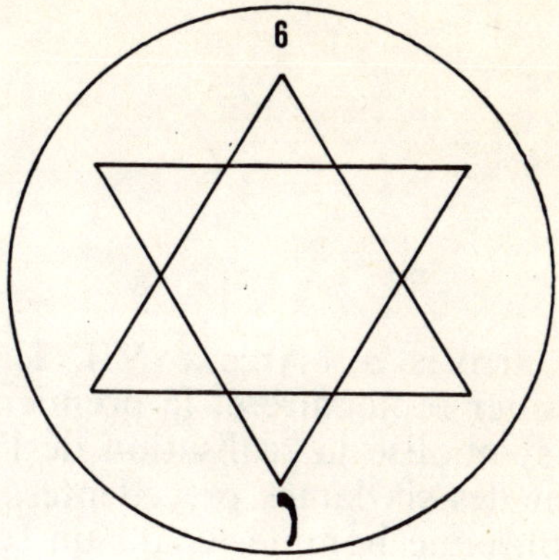

Autres symboles

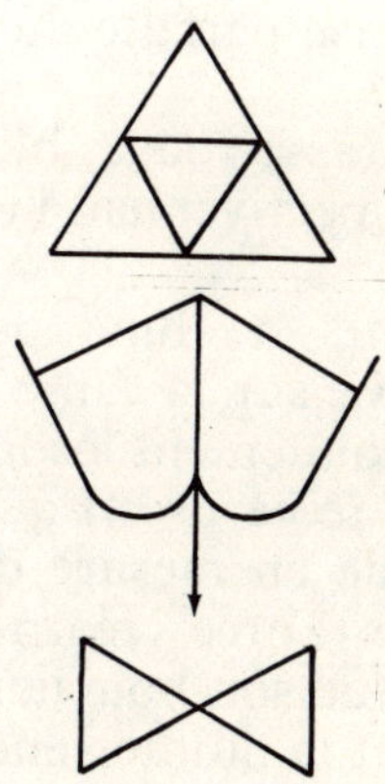

VII – LE CHARIOT

Nous voici arrivés à l'Arcane VII, le Chariot, qui conclut le premier septenaire et le premier chemin.

Cette carte symbolise la réalisation de l'homme, c'est l'aboutissement des six lames précédentes.

On y voit un jeune homme tenant un sceptre dans sa main droite. La pointe de ce sceptre est en forme de cône, afin de capter l'énergie des forces supérieures et de la distribuer.

Le jeune homme porte une couronne ornée de trois étoiles à cinq branches: le pentagramme, symbole de l'homme, de la maîtrise parfaite du corps, de l'âme et de l'esprit.

Il endosse une cuirasse rouge, bleue et jaune, les couleurs représentant respectivement l'énergie, la spiritualité, la volonté.

Les deux croissants de lune posés sur ses épaules (symbole déjà observé sur la lame de l'Empereur) indiquent qu'il domine totalement les forces psychiques, tant sur le plan matériel (côté droit) que spirituel (côté gauche). L'initié est donc en mesure d'utiliser parfaitement la force de la pensée (Force créatrice).

La cuirasse constitue son bouclier protecteur. Les cinq bossettes représentent la quintessence. Ce sont les mêmes que celles du Bateleur, mais elles sont disposées différemment. Elles forment une pointe dont le sommet est constitué par la troisième bossette pour évoquer le degré maximal de la quintessence. Le feston, dont la pointe est située au-dessus de la tête du jeune homme, symbolise l'élévation spirituelle maximale. Les trois bossettes dorées représentent la TRIADE. Les trois festons de la cuirasse indiquent la maîtrise des bas instincts, du monde matériel.

Les manches de la tunique sont vertes, couleur du discernement.

Le Chariot est de forme carrée: on trouve là une correspondance avec le trône cubique de l'Empereur. Il symbolise le règne de la matière, *Malkouth*, les forces de la nature complètement dominées par le jeune homme: c'est la raison pour laquelle ce dernier se trouve à l'intérieur du Chariot. Quatre supports surmontent celui-ci, deux jaunes (à l'avant) et deux verts (à l'arrière). Ce sont les couleurs de la carte de l'Amoureux, et plus précisément celles de la bacchante.

Le jeune homme, grâce à l'indifférence qu'il a acquise, domine les forces matérielles.

Le baldaquin représente le Ciel, le monde spirituel et toutes les forces astrales qu'il englobe. On y distingue huit étoiles: ce sont les étoiles diurnes, actives, zodiacales, qui sont séparées au centre par le symbole du Soleil.

Au bas du Chariot, on distingue les symboles du corps physique (le bâton), du corps éthérique (l'épée), du corps astral (les ailes). Le cercle rouge symbolise le point d'union des trois corps.

Le Chariot est muni de deux roues: elles symbolisent le mouvement de l'initié, son chemin, son action.

Il est tiré par deux sphinx, l'un blanc et l'autre noir, qui sont scindés dans un même corps. Ces sphinx sont placés de part et d'autre du Chariot: ils évoquent les sphères du bien et du mal, les colonnes du Temple, Jakin et Boaz. L'un d'eux tire le Chariot vers le matériel, l'autre vers le spirituel. Le Chariot avance donc de façon très équilibrée le long de l'axe central. Le sphinx noir correspond à la couleur rouge, symbole de l'activité; le sphinx blanc à la couleur bleue, symbole de la spiritualité. Le corps qui les réunit est bleu, pour indiquer que l'union entre ces deux forces est régie par le "Moi transcendant".

Les deux bandes rouges désignent l'énergie active du Soi transcendant.

Le jeune homme conduisant le Chariot représente le Bateleur qui, après être passé par les différents stades que constituaient les lames précédentes, est arrivé à son complet épanouissement. Ses cheveux sont d'ailleurs blancs pour évoquer l'expérience acquise. La route parcourue par le Chariot est verte, car l'action se déroule dans le monde de la matière. Le Chariot est conduit avec sagesse et ne peut donc que se trouver sur le droit chemin.

SYMBOLISME

Le septenaire est une étape importante; au-delà du sept, on passe aux chiffres transcendentaux.

Il existe sept couleurs visibles, sept notes audibles et sept planètes principales.

Le chiffre sept est formé de 4 + 3, c'est-à-dire du quaternaire additionné au ternaire.

Les principaux corps qui constituent l'homme sont également au nombre de sept: physique, éthérique, astral, animique inférieur, animique supérieur et spirituel.

Toute la nature repose sur le chiffre sept.

L'homme extériorise tous les sept ans une partie de son énergie. A sept ans (deuxième dentition), il assume son corps éthérique, à quatorze ans (développement sexuel) son corps astral, à vingt et un ans son corps animique inférieur et à vingt-huit ans, la dernière extériorisation se produit lorsqu'il saisit la conscience de son âme. Sept ans après, c'est-à-dire à trente-cinq ans, il connaît l'épanouissement. On peut donc remarquer que la vie est divisée en cycles septennaux. On dit d'ailleurs que l'être renaît tous les sept ans, ses vieilles cellules s'étant alors complètement renouvelées.

Le chiffre sept symbolise les sept planètes qui, en

ésotérisme, constituent non seulement des astres matériels, mais également des êtres spirituels vivants et pensants, d'où leur considérable influence sur l'homme. Ce n'est pas, en effet, leur attraction magnétique, mais leur influence spirituelle qui agit sur l'homme.

L'astronome ne pourra jamais comprendre la signification ésotérique de l'astrologie, s'il ne l'analyse que sous un angle scientifique!

L'initié possède, en revanche, cette grande connaissance et tient compte du mouvement des planètes avant d'accomplir des actions magiques.

Le Soleil est notre père et la Lune notre mère, nous dit la *Table d'Emeraude* d'Hermès Trismégiste, et c'est vrai, tout comme il est vrai que les cinq planètes principales ont contribué et contribuent toujours à la formation de l'homme. Le Soleil, la Lune et toutes les planètes ainsi que les étoiles sont des mondes habités, non pas, bien sûr, par des êtres physiques, mais par des entités spirituelles.

Nombreuses sont les connaissances que l'homme a perdu, à tel point que certains se moquent aujourd'hui de ces vérités. Tous ces faits sont exposés avec une grande clarté dans les livres sacrés, à condition, évidemment, de connaître la clef qui permet de les interpréter.

Symbole principal

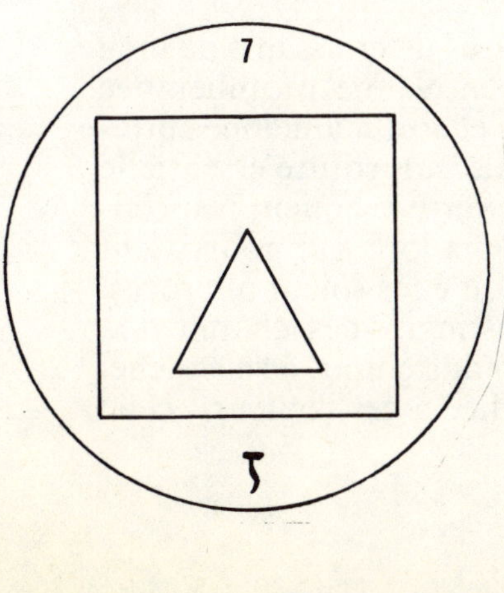

Autres symboles

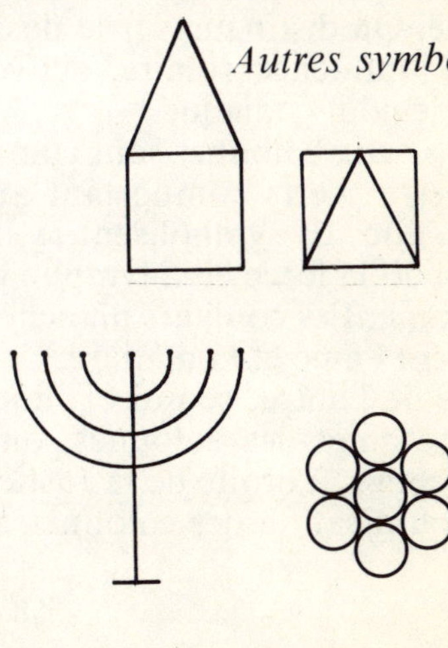

VIII – LA JUSTICE

Avec la Justice commence le second chemin. Le premier chemin était celui de l'Esprit, le deuxième est celui de l'Ame. Le premier chemin engendre l'Arcane VIII, c'est-à-dire la Justice, qui marque le commencement du second chemin.

La Justice ouvre le second chemin au même endroit que le Bateleur, mais nous nous situons cette fois-ci sur le plan de l'âme et non plus sur celui de l'esprit.

L'incarnation de la Justice est assise sur un trône massif, entre deux colonnes, les colonnes du Temple de Salomon, Jakin et Boaz qui représentent les piliers de la Justice, tous deux reliés par un dossier en forme de coquillage, symbole du champ d'action de l'activité de l'âme. On distingue sur le dossier huit bossettes symbolisant l'influence solaire, active, que subissent les signes diurnes du Zodiaque.

Les deux colonnes sont composées de croissants de lune blancs et verts comportant au centre une protubérance circulaire. Ils symbolisent le sein et son mamelon, autrement dit la force et la lymphe vitale, nourriture essentielle de l'âme. Les couleurs blanche et verte évoquent respectivement l'âme et la matière. Ces deux forces se nourrissent l'une de l'autre, ce qui explique qu'elles soient alternées. Au sommet des colonnes, on distingue des chapiteaux, l'un rouge, à droite de la Justice, l'autre noir, à sa gauche. La signification des colonnes est liée à ces couleurs: celle au chapiteau rouge symbolise l'activité, celle au chapiteau noir la passivité.

Au-dessus des chapiteaux, un grenadier est dessiné pour évoquer la fécondité.

La Justice est un personnage féminin qui est coiffée d'une couronne comportant le symbole du Soleil. La couronne a cinq pointes: c'est l'emblème de la quintessence.

La Justice représente l'Impératrice du premier chemin, mais comme elle est descendue du monde de l'esprit à celui de l'âme, elle a perdu ses ailes et ses traits se sont durcis.

Ses cheveux blonds forment huit boucles pour rappeler le numéro de la lame.

Le col de son vêtement comporte une bande blanche représentant le flux de deux forces contraires, l'activité à droite et la passivité à gauche, qui s'unissent pour monter vers la tête, en créant un équilibre parfait (évocation du symbole de la balance). Les couleurs dominantes de l'habit sont le rouge (activité et action) et le bleu (spiritualité). Les manches sont à rayures jaunes et vertes: elles représentent le monde matériel qu'il faut dominer.

La Justice porte sur la poitrine un collier formé de trois spirales entrecroisées symbolisant l'union et l'interaction du corps, de l'âme et de l'esprit.

Elle tient une balance dans sa main gauche. Celle-ci est en or, car elle évoque la loi trascendantale divine selon laquelle toute action doit être équilibrée par une réaction contraire. L'équilibre parfait s'obtient par l'indifférence. La balance représente le statisme, l'inaction, le chemin qui permet de sortir du cycle des réincarnations.

Dans la main droite, la Justice tient une épée symbolisant la loi du Karma[1] négatif. L'homme, grâce au libre

[1] *Karma*: dans les philosophies indiennes, le karma peut désigner soit l'enchaînement des causes et des effets, soit le bilan des bonnes et des mauvaises actions des vies antérieures c'est-à-dire l'ensemble des actes passés.

arbitre, peut se diriger sur la voie du Bien ou du Mal. S'il choisit le chemin du matérialisme au détriment de la spiritualité, il devra se soumettre à la loi de la Justice (du Karma). Il devra donc demeurer dans le monde matériel, jusqu'à ce qu'il soit capable de surmonter les différentes épreuves que lui a préparées le destin.

SYMBOLISME

Le double quaternaire engendre le huit qui représente l'équilibre du destin.

Le huit est une transition entre le sept et le neuf. C'est l'attente, la pondération. Il représente l'évaluation.

Symbole statique

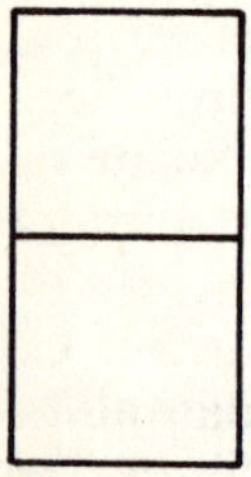

Symbole dynamique

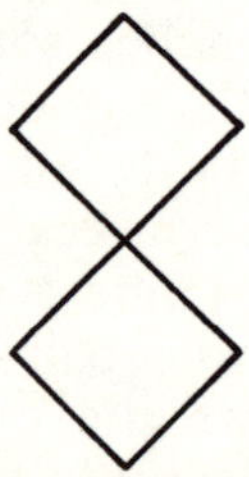

Le dessin du symbole dynamique laisse clairement apparaître que le chiffre huit est formé par un double quaternaire.

Pour que l'équilibre soit respecté, les deux carrés doivent avoir les mêmes dimensions, sinon l'homme doit se soumettre à la loi du Karma.

Symbole principal

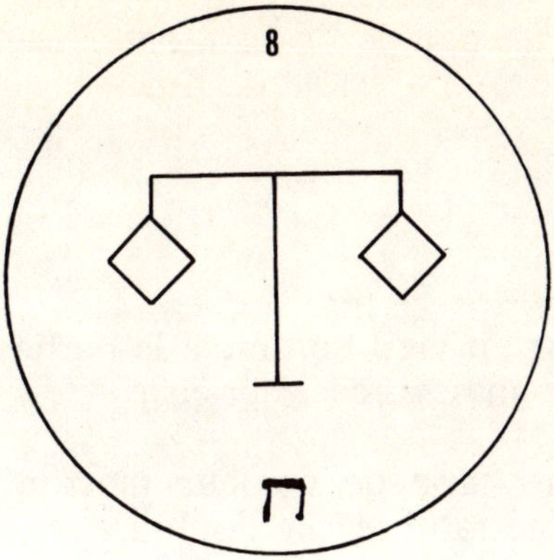

Autres symboles

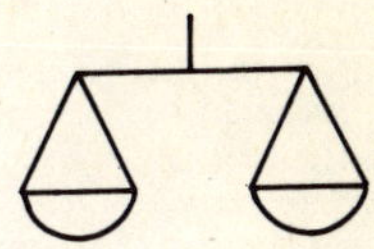

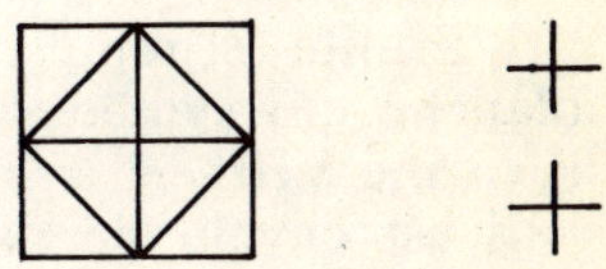

VIIII – L'ERMITE

L'Ermite est représenté par un vieil homme à la barbe blanche qui symbolise la connaissance intérieure, c'est l'Arcane VIIII.

Il est enveloppé dans une cape de couleur marron évoquant l'austérité, l'impénétrabilité; la doublure est bleue, signe de spiritualité.

Sous sa cape, il porte une robe jaune qui indique la recherche spirituelle et la volonté. L'Ermite garde ses connaissances pour lui, il ne les divulgue pas; la signification profonde de sa cape marron est que la recherche doit se faire en soi et non vers l'extérieur.

Cette lame est le prolongement de la huitième lame, la Justice. L'Ermite a en effet choisi la voie de la spiritualité et la recherche seul, car l'homme est un être individuel. Ce n'est pas en choisissant le groupe (les religions) que l'on arrive à s'épanouir, mais en s'appuyant, au contraire, sur la recherche intérieure tournée vers la spiritualité. Tout ceci est symbolisé par la lampe que l'Ermite soulève de sa main droite: elle éclaire le chemin qu'il doit parcourir.

Cette lampe représente les forces intérieures qu'il extériorise dans la recherche de son âme et de son esprit.

Il empoigne de sa main gauche, celle de l'intuition, une canne de bambou composée de huit segments qui indiquent que l'initié tâte le terrain et demande de l'aide à la huitième lame, le libre arbitre, pour trouver son chemin et faire ses choix intérieurs. La canne comprend sept nœuds pour indiquer le septenaire magique.

L'Ermite ayant choisi le chemin de la spiritualité, il est en mesure de dominer totalement les forces négatives du mal symbolisées par le serpent. Ces forces sont domptées de façon à être mises au service des forces du bien.

Cette carte se réfère également à la thaumaturgie: l'initié, grâce à ses connaissances, apprend à utiliser les forces négatives qu'il purifie pour aider les autres.

Elle est également le symbole du Maître spirituel qui ne révèle jamais aucun secret: le sage, en effet, ne jette jamais de perles aux cochons, mais se contente d'indiquer au novice le chemin qu'il doit parcourir, celui de la pauvreté et du renoncement. Le Maître ne peut que conseiller la voie à suivre. C'est ensuite au novice de mener seul sa recherche, en lui-même, de façon approfondie, afin de devenir Ermite.

SYMBOLISME

Le neuf est formé par trois fois le chiffre trois. Il symbolise l'êre humain dans sa totalité: corps, âme et esprit. Symbole de l'initiation, on le représente par un carré divisé en neuf parties qui, s'il est orienté sur un angle, se transforme en énergie active et évoque la lampe de l'Ermite illuminant le chemin de l'évolution.

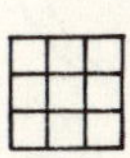

neuf statique (appuyé sur un côté)

neuf dynamique (appuyé sur un angle et donc susceptible d'un mouvement de rotation)

Le neuf constitue une étape importante, car il est l'antichambre de l'épanouissement symbolisé par le chiffre dix. Chacune des trois parties de l'être (corps, âme, esprit) doit être purifiée trois fois pour qu'il y ait initiation.

Si le neuf est engendré par 6 + 3, nous avons:

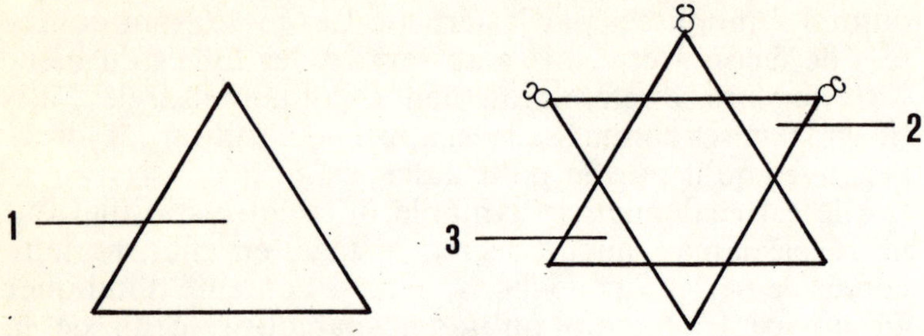

Le triangle n° 2 est le reflet du n° 1.

Le triangle n° 3 est conçu à l'image et à la ressemblance du n° 1 (le macrocosme, l'Adam céleste, la transcendance, le Notre Père).

Le triangle n° 2 représente le microcosme, l'Adam terrestre, l'ombre, le reflet du n° 1.

Symbole principal

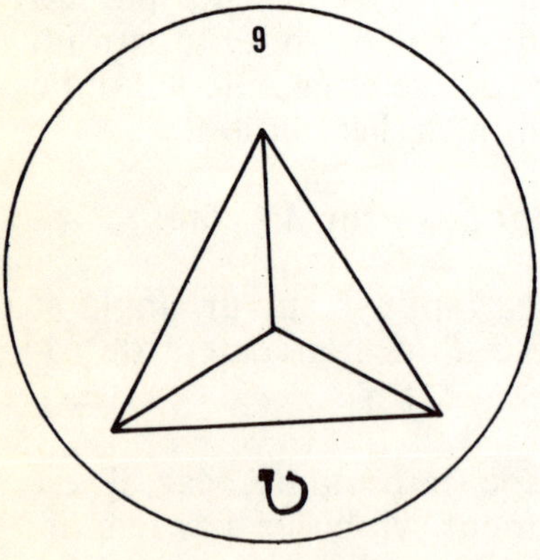

Autres symboles

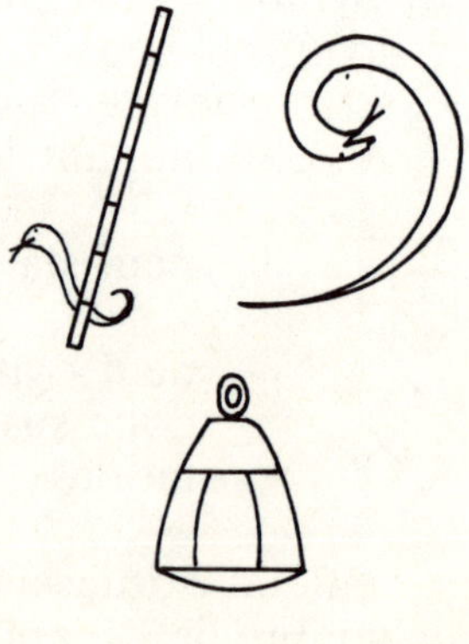

I
א
LE BATELEUR

II
ב
LA PAPESSE

III
ג
L'IMPERATRICE

IIII
ד
L'EMPEREUR

V
ה
LE PAPE

VI
ו
L'AMOUREUX

VII
ז
LE CHARIOT

VIII
ח
LA JUSTICE

VIIII
ט
L'ERMITE

X
LA ROUE DE FORTUNE

XI
LA FORCE

XII
LE PENDU

XIII
LA MORT

XIIII
LA TEMPERAINCE

XV
SOLVE
COAGULA
LE DIABLE

XVI
ע
LA TOUR OU MAISON-DIEU

XVII
פ
L'ETOILE

XVIII
צ
LA LUNE

XVIIII
LE SOLEIL

XX
LE JUGEMENT

XXI
ת
LE MONDE

O
ש
LE FOU

X – LA ROUE DE FORTUNE

L'Arcane X se compose d'une roue qui tourne et de trois personnages. Au bas de la carte, la mer est agitée par les vagues. Il s'agit de l'océan chaotique de la vie terrestre où chacun doit vivre sa vie selon les lois du destin (Karma).

Deux barques se balancent sur l'eau, l'une rouge, l'autre verte; elles ont la forme d'un croissant de lune dont les pointes sont tournées vers le haut. Elles représentent la base de la vie, le règne de Malkouth: les couleurs évoquent les deux courants vitaux, l'un positif, l'autre négatif.

Deux serpents se dressent au centre du bateau, un rouge et un vert, et s'enroulent autour du poteau central de la roue. Le serpent rouge symbolise le courant positif, le principe masculin, le serpent vert le courant négatif, le principe féminin. Ce sont les forces vitales de la construction, l'énergie Kundalini qui s'élève du chakra inférieur vers le chakra supérieur, qui représentent également l'ADN génétique, la base de la vie. Le poteau qui soutient le moyeu de la roue est fixé sur les bateaux.

La roue se compose de deux cercles concentriques: un rouge, à l'extérieur, et un bleu, à l'intérieur. Ils désignent le tourbillon qui engendre la vie individuelle. Le bleu symbolise le Soi transcendant, le rouge l'activité créatrice. La roue comporte sept rayons. Chaque rayon est garni d'un objet sphérique: ce sont les sept planètes. Les rayons indiquent les forces des sept planètes, les forces astrales distribuant l'énergie vitale.

Sur le moyeu de la roue, on distingue une manivelle symbolisant le début du cycle de la vie, qui est mue par un Etre supérieur invisible: celui-ci amorce le cycle, puis le laisse se dérouler par lui-même.

Un personnage semi-humain est dessiné à droite de la lame. Il représente le dieu Hermanubis[1]. Son corps bleu indique l'énergie bénéfique, la zone éthérique, la croissance spirituelle de l'individu. Sa tête et son vêtement jaunes évoquent la force ascensionnelle. Dans sa main droite, il tient le Caducée de Mercure, la baguette magique, force vivifiante, capacité créatrice, élément de guérison. Hermanubis représente les forces positives, la chaleur, la vie, le solstice d'hiver, l'entité spirituelle qui, après avoir accompli le cycle terrestre du Karma, se débarrasse de sa coquille matérielle et s'élève vers le jugement du Sphinx.

C'est ce mouvement ascensionnel qui engendre celui de la roue.

A gauche de la carte, on distingue un monstre amphibie appelé Typhon. Son corps est vert: il évoque les forces matérielles auxquelles il devra de nouveau se soumettre. Sa tête et ses vêtements sont de couleur rouge foncé, parce que cet être est envahi de passions égoïstes. Il représente le génie de la matière chaotique, la condensation, le solstice d'été.

Il est muni d'un trident et possède des pieds palmés. Ce sont les moyens dont il dispose pour se déplacer dans l'eau, dans laquelle il est en train de tomber, et ils lui servent à combattre les forces de l'ego. Il symbolise donc l'Etre spirituel qui, n'ayant su surmonter toutes les épreu-

[1] *Hermanubis*: dieu égyptien associant les caractères du dieu Thot (assimilé à Hermès dont il porte le caducée) et du dieu des morts Anubis. Il est symbolisé avec une tête d'ibis, ou d'épervier ou de chien.

ves de la vie, revêt de nouveau un corps matériel, afin de pouvoir se purifier.

La roue est surmontée par une plate-forme centrale sur laquelle se trouve un Sphinx. C'est le principe de l'équilibre. Il est armé d'une épée, comme la Justice, parce qu'il a pour tâche de juger le comportement de l'homme dans le monde matériel. Tout comme la Justice représente la loi du Karma, l'épée symbolise le Karma négatif.

Le Sphinx possède un visage humain et des seins de femme, il a les ailes de l'aigle, les pattes du lion et les flancs du taureau. Cette image évoque les symboles des quatre évangélistes:

l'*Homme*, saint Matthieu; le *Taureau*, saint Luc; le *Lion*, saint Marc; l'*Aigle*, saint Jean.

Ce sont les quatre règnes de la nature, les quatre esprits supérieurs, les quatre corps de l'homme: physique, éthérique, astral, spirituel.

Sur la tête du Sphinx, on distingue un triangle dont la pointe est tournée vers le haut, et, juste au-dessus de son front, une croix également orientée vers le bas. Ils représentent les forces divines (triangle) qui donnent la vie par l'intermédiaire des quatre éléments (la croix).

Le visage rouge du Sphinx évoque le feu, ses ailes bleues l'air, sa poitrine et ses pattes avant vertes l'eau, ses pattes arrière marron la terre.

La dixième lame symbolise la vision du prophète Ezéchiel, la genèse, la roue du destin, le mouvement du Karma, le Pentacle le plus important, le Tétragrammaton sacré, le secret du grand Arcane grâce auquel l'initié devient maître des forces de la nature.

L'initié, grâce à la recherche intérieure, est parvenu à comprendre les grands secrets de la vie. Les connaissances ainsi acquises lui permettent maintenant de poursuivre son chemin sur la voie de la spiritualité.

SYMBOLISME

Dans le système décimal, le numéro dix représente le stade final, l'arrivée.

En ésotérisme, il indique, en revanche, l'unité, et, plus exactement, la totalité englobée dans l'unité comprise dans la totalité.

Cet Arcane est également baptisé Grand Arcane. Son symbole occulte renferme, en effet, tous les secrets initiatiques.

On donne à sa représentation le nom de grand *Tetragrammaton*.

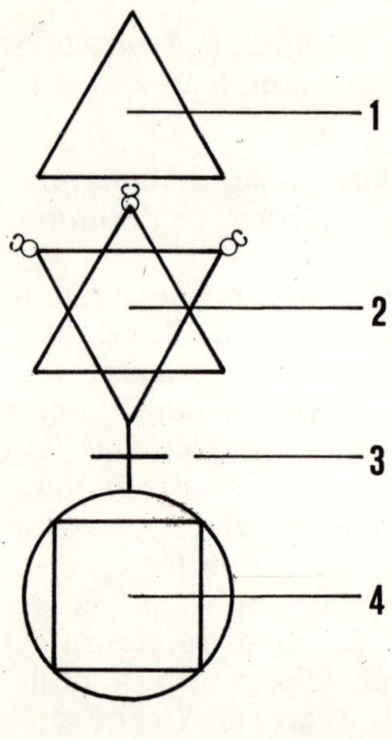

1. L'unité de Dieu, le père et l'Esprit Saint, prêts à se lancer dans l'aventure de la création. Le règne transcendant, inconnaissable, incommunicable.
2. L'équilibre des deux forces, active-passive, l'union de

l'homme et de la femme, le macrocosme et le microcosme.
3. Les quatre forces de la nature sur lesquelles repose le monde physique.
4. Le cercle symbolise l'infini, la conscience, et le carré l'homme, notre moi prêt à s'épanouir dans le règne de base pour s'élever ensuite vers les sphères supérieures.

La représentation schématique du symbole de la Roue de Fortune est un svastika senestrogyre croix gammée dont les branches coudées tournent dans le sens contraire de celui des aiguilles d'une montre. Ce svastika figuré dans l'hexagramme représente l'énergie interne de l'être spirituel; c'est dans ce tourbillon que se déroulent les cycles de notre existence ciel-terre.

Symbole principal

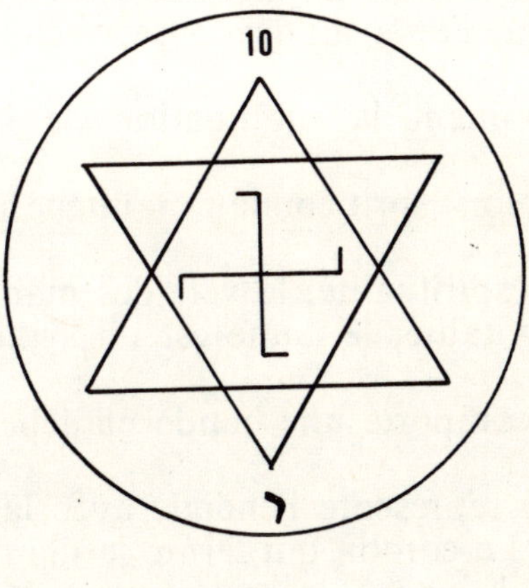

Autres symboles

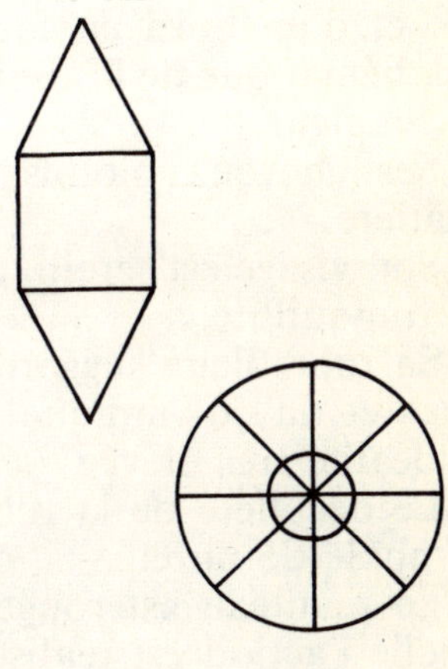

XI – LA FORCE

Les vingt-deux lames du Tarot peuvent également être divisées en deux zones composées de onze cartes chacune: la première étant active, masculine, la seconde passive, féminine.

La Force, l'Arcane XI, est le dernier Arcane de la première zone. Le personnage qui la symbolise est coiffé d'un chapeau constitué d'une couronne d'or à cinq pointes, symbole de la royauté spirituelle et de la quintessence, et d'un bord en forme de huit horizontal, symbole mathématique de l'infini, que l'on avait déjà observé chez le Bateleur.

Ses cheveux blonds évoquent la sublimation de la matière.

Son visage est serein, car son esprit connaît maintenant la tranquillité.

Sa robe bleue suggère la spiritualité; le vert des manches et du col indique la vitalité; le jaune est un signe d'idéalité très élevée.

Le décolleté de la robe comporte une bande blanche, symbole de pureté.

Le manteau est rouge: il représente l'énergie avec laquelle l'action est réalisée. Le cordon qui ferme le manteau est jaune et torsadé: il évoque le mouvement des deux courants positif et négatif, de la gauche vers la droite et vice versa.

La Force ouvre les mâchoires d'un lion féroce. Il

symbolise la matérialité, la passion, les instincts, les vices, tous les aspects négatifs de l'être, ainsi que le solstice d'été, caractérisé par une position zodiacale au summum du matérialisme.

La Force est un personnage féminin qui, par la douceur et la volonté, parvient à dominer totalement les forces négatives; pour cela, elle ne tue pas le lion, mais elle l'apprivoise et l'utilise à des fins plus nobles.

Cela signifie que les bas instincts de l'homme ne doivent absolument pas être refoulés, mais au contraire transformés de manière à pouvoir être utilisés au bénéfice de l'évolution.

Cette lame représente donc la force de volonté, maîtrisée au prix de certains renoncements, autrement dit la domination du Mal et non son élimination.

Cette lame symbolise également la transmutation, le changement des métaux vils en métaux nobles.

SYMBOLISME

Le chiffre onze naît de l'union du chiffre six, l'hexagramme ou Sceau de Salomon, et du chiffre cinq, symbole de l'homme.

6 + 5 = 11 = la Force.

Lorsque l'homme atteint l'équilibre parfait, qu'il possède la connaissance du microcosme ou du macrocosme, il maîtrise ces forces avec calme et sérénité.

Le microcosme voit dans l'homme une entité supérieure et c'est pour cela qu'il le sert; le macrocosme voit dans l'homme (évolué) sa propre image, aussi lui donne-t-il l'énergie qui lui est nécessaire pour accomplir le Grand Œuvre.

Le symbole de la Force est donc composé du pentagramme, ou étoile flamboyante, qui est dessiné au centre de l'hexagramme ou Sceau de Salomon.

Symbole principal

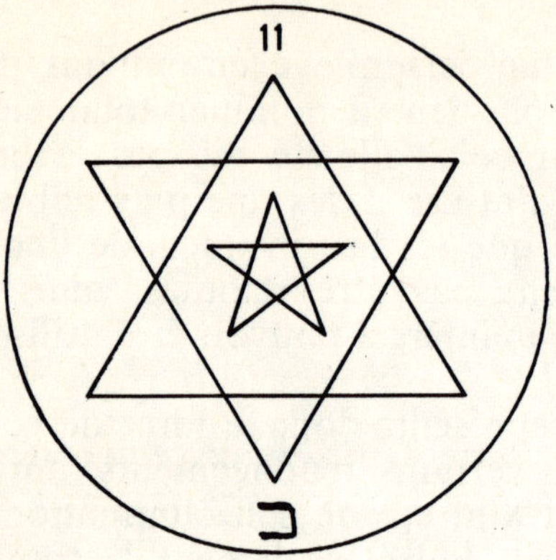

Autres symboles

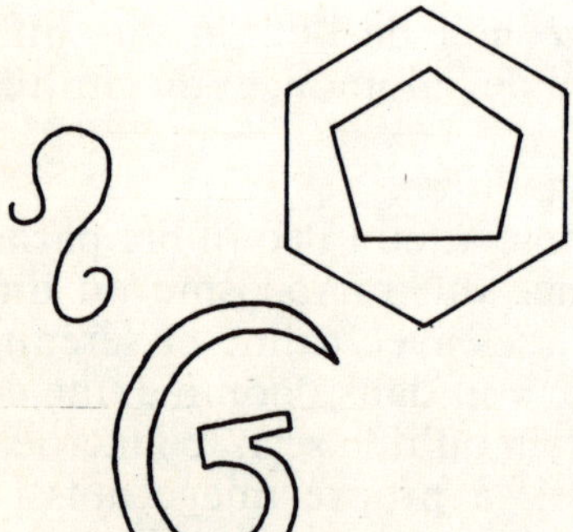

XII – LE PENDU

L'Arcane XII le Pendu ouvre la seconde série de onze lames, la zone passive, féminine.

A partir de cette lame, le Bateleur ne se comporte plus de façon active, mais reste passif; il attend que les forces s'exercent sur lui en toute liberté. Cette passivité est révélée par la position de sa jambe gauche, fixée à une poutre, et par ses bras qui semblent liés derrière son dos. Le jeune homme est pendu à une poutre jaune qui représente sa pensée extatique, la foi à laquelle il s'est lié.

La poutre prend appui sur deux troncs d'arbres, verts, qui suggèrent la passivité, l'immobilité, les deux colonnes Jakin et Boaz. Sur chaque arbre, on peut compter six branches coupées de couleur rouge (la spiritualité active) qui représentent un double hexagramme. Le fait que les branches soient coupées évoque de nouveau le sacrifice et l'immolation. La spiritualité se présente à douze reprises pour évoquer l'unité et l'ensemble des douze signes du Zodiaque.

La tête du Pendu est orientée vers la terre, parce que sa recherche est tournée vers le monde matériel et qu'elle consiste pour lui à aider les autres, à vivre en harmonie avec la nature. Sa veste comporte alternativement du rouge et du blanc: le blanc suggère la pureté de l'âme, le rouge la recherche active de la justice, l'éloignement de l'erreur, du mal.

Les pans du vêtement sont ornés de deux croissants de

lune, un croissant blanc sur fond rouge et un croissant rouge sur fond blanc. Le croissant blanc, sur le côté gauche, symbolise l'intuition et l'imagination; le croissant rouge, sur le côté droit, symbolise l'activité ainsi que l'interprétation correcte de l'intuition exprimée par la lune blanche.

L'habit est fermé par six boutons, deux blancs sur les pans, qui indiquent la foi et le mysticisme, et quatre rouges sur le gilet, qui suggèrent l'activité consacrée aux renoncements passifs.

Le visage du Pendu est calme et souriant, bien qu'il ait choisi le sacrifice, parce que la foi justifie et motive ce sacrifice à ses yeux.

Deux sacs sont coincés sous ses bras, desquels s'échappent des pièces d'or et d'argent. Ce sont les trésors spirituels dont son intellect s'est enrichi.

Les pièces d'or représentent le Soleil, l'Esprit, la Raison: ce sont les idées justes qu'inspire la connaissance acquise.

Les pièces d'argent symbolisent la Lune, l'Ame, la Sensibilité: ce sont ses sentiments, son désir de faire le Bien.

Ces pièces tombent parce que le Pendu offre aux autres, sans rien recevoir en échange, tout son bagage d'expériences positives spirituelles. Il y a cinq pièces de chaque côté pour évoquer la quintessence.

La position des jambes du Pendu forme une croix, symbole de son sacrifice, et ses bras forment un triangle dont le sommet est tourné vers le bas, qui représente le microcosme. Cela symbolise le sacrifice de l'initié vis-à-vis du monde terrestre. Cette lame évoque également le mysticisme, la sainteté, l'ascétisme, le sacrifice de sa vie pour aider son prochain, ces qualités découlant d'une foi très profonde. Elle indique que l'initié a décidé de renoncer à son individualité pour prôner l'amour universel, parce qu'il sent que ce comportement lui permet de s'élever spirituellement.

SYMBOLISME

Le chiffre douze est composé de 7 + 5, c''est-à-dire par △⃞ + ⛤ = 12. Le sept représente le monde visible, l'énergie qui est assimilée par nos sens; le cinq désigne l'homme qui se consacre corps et âme à la réalisation de l'Œuvre.

Dans ce cas, le symbole du sacrifice est indiqué par la présence d'une croix surmontant un triangle dont le sommet est dirigé vers le bas. C'est ainsi que l'on représente le sacrifice du microcosme, constitué ici par l'homme.

Le douze symbolise également l'attente du changement (le treize), les forces du Zodiaque, les forces spirituelles des novices qui se concentrent et s'unissent ensuite en treize. Le maître a besoin de douze élèves et, chaque fois que l'un d'eux a fini d'être initié, il est remplacé par un nouveau novice.

Le douze est le chiffre symbolique de l'univers: les étapes de la création sont, en effet, au nombre de douze. Le sept désigne la création physique, le neuf la transcendance métaphysique, le douze l'ensemble de la création dont les trois derniers stades (du neuf au douze) se situent sur un plan spirituel.

Tôt ou tard, on découvrira que le système solaire est, lui, aussi, composé de douze planètes et que le soleil autour duquel elles gravitent en est la synthèse (treize) et concentre l'ensemble de leurs énergies.

Symbole principal

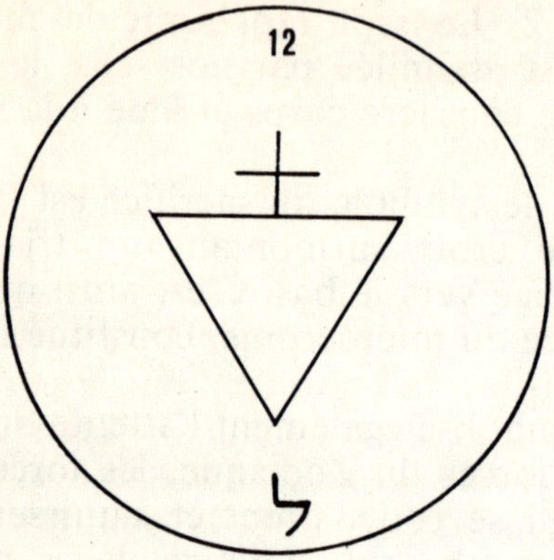

Autres symboles

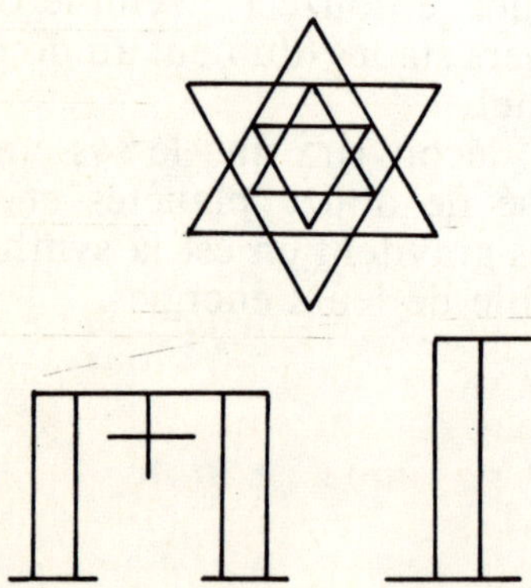

XIII – LA MORT

L'Arcane XIII est la première lame à ne pas comporter de lettre hébraïque: ce n'est aucunement pour conjurer le mauvais sort, mais parce que cette carte évoque le changement continu et englobe la signification des douze autres. Ainsi, si on voulait lui attribuer un symbole, il faudrait lui donner les douze symboles des cartes précédentes.

Cette lame représente un squelette de couleur chair qui suggère le matérialisme auquel la mort se réfère.

Ce squelette empoigne une faux dont le manche rouge symbolise le feu qui transforme la matière. La lame est blanche pour désigner l'âme qui est abandonnée sur terre en même temps que le corps. La faux de la mort restitue les corps matériels à la terre, car ce sont des éléments physiques qui appartiennent à cette planète. Des restes humains jonchent le terrain.

A gauche de la lame, on distingue une tête coiffée d'une couronne royale. Elle symbolise l'intelligence, la volonté et les nobles instincts, qualités qui ne peuvent pas disparaître avec la mort physique. A droite, une tête de femme suggère la spiritualité et l'amour.

Les mains sortant de terre évoquent l'action qui n'est pas interrompue par la mort physique.

Les pieds représentent la continuité des idées.

Tous ces éléments sont indestructibles et demeurent à

jamais le bagage de l'être, l'homme étant une entité spirituelle et non physique.

Cette lame symbolise la mort matérielle et la renaissance spirituelle, elle ne représente donc pas la mort, mais la vie. Seul l'esprit est immortel et il poursuit son chemin vers la lumière.

Les petites plantes poussant sur le terrain indiquent la naissance et la croissance de la spiritualité. L'initié, pour aller de l'avant, doit renoncer à tout ce qui est matériel, afin de pouvoir renaître à un niveau supérieur.

Cette lame est le symbole de l'initiation ésotérique: l'homme, grâce aux sacrifices et aux épreuves qu'il doit avoir surmontées, en finit avec la vieille existence pour renaître complètement régénéré, ayant pris conscience et ayant été témoin des plans supérieurs (les neuf doigts des mains, serrés, représentent l'initiation).

L'homme, à ce stade, maîtrise totalement ses corps les plus subtils – éthérique, astral, animique – et accède à la voyance et à la thaumaturgie.

SYMBOLISME

Chiffre capital, auquel ne correspond aucune lettre, son symbole pourrait être constitué par les douze symboles le précédant.

Le treize est composé de douze forces différentes qui sont toutes indispensables.

Jésus-Christ représentait le treize et chaque apôtre était une force spécifique extériorisée par le Christ lui-même. Judas lui-même constituait une force utile, car le Mal sert à mettre le bien en évidence et à permettre la réalisation du Grand Œuvre. Le Christ n'aurait pas pu se sacrifier sur la croix si cet apôtre traître n'avait pas existé.

Les douze apôtres sont les douze corps du Christ même. Jean, Jacques et Pierre étaient les essences les plus pures, c'est pourquoi ils avaient un rapport très intime avec le maître. Judas représente l'élément le plus grossier, servant à mener à bien la réalisation, le mal qui est utilisé et non éliminé.

Le chiffre treize indique, en effet, une nouvelle naissance, un grand changement, l'union de toutes les forces et la compréhension de tous les mystères.

Son symbole est composé d'un rectangle reposant sur une croix, qui est prolongée par une faux; cela évoque la pierre brute (le rectangle) prête à être transformée en pierre philosophale, grâce à l'action de la croix en crochet qui représente le changement essentiel.

Symbole principal

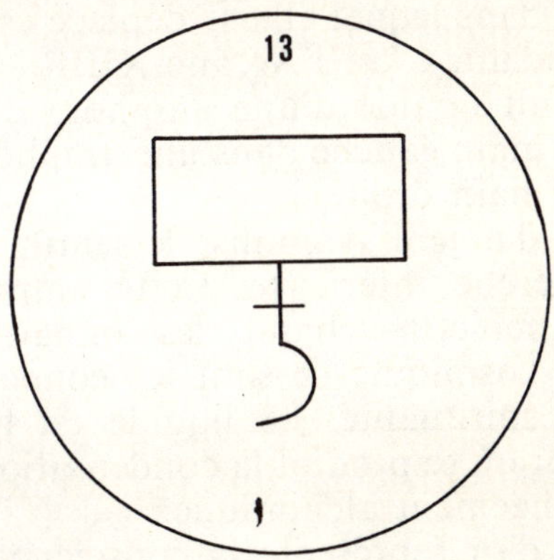

Autres symboles

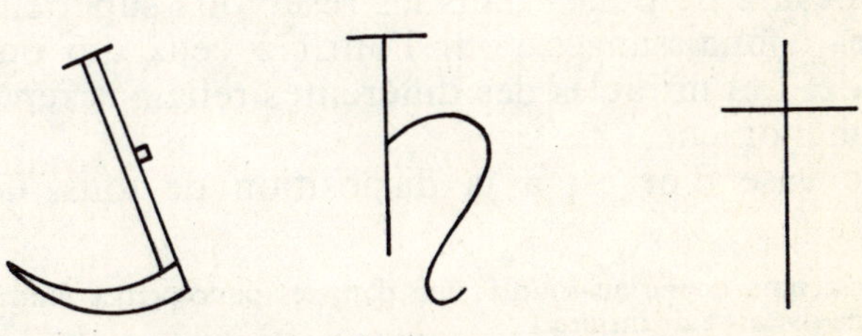

XIIII – LA TEMPERANCE

Cette lame conclut le second septenaire, c'est-à-dire le second chemin, celui de l'Ame.

La Tempérance est représentée par une femme ailée, car l'élément dans lequel elle se déplace est éthéré, spirituel, transcendant. C'est l'Arcane XIIII.

Elle verse un liquide d'une amphore d'argent qu'elle soulève de sa main gauche dans une amphore d'or qu'elle tient dans sa main droite.

L'amphore d'argent symbolise le sentiment, l'imagination, la recherche intérieure. Cette amphore contient, sous forme éthérée, psychique, les connaissances puisées dans le puits cosmique: ce sont les connaissances de la magie, de la spiritualité. Le liquide est transvasé dans l'amphore d'or où se produit la condensation, la transmutation, le changement alchimique.

L'amphore d'or représente la conscience, l'activité, la raison.

Ce passage évoque également le prâna[1] que l'initié est en mesure de puiser dans les réservoirs supérieurs, grâce à ces connaissances pour l'offrir à ceux qui ont besoin d'aide. Les miracles des différentes religions reposent sur ce phénomène.

Le vase d'or est à la disposition de tous. Celui qui

[1] *Prâna*: nom donné au souffle vital dans les philosophies indiennes et qui qualifie parfois l'air inspiré.

essaie de soigner les autres en utilisant juste le vase d'or et en oubliant le vase d'argent pratique uniquement le magnétisme, énergie vitale que possèdent tous les êtres vivants.

En revanche, celui qui connaît le contenu de l'amphore d'argent est en mesure d'accroître la force vitale cosmique que dégagent les vibrations éthérées: c'est là que réside la seule véritable médecine des saints et des sages, la pure thaumaturgie.

La Tempérance est représentée par une femme aux cheveux blonds dans lesquels se trouve le symbole du Soleil, qui évoque les forces solaires, l'action illuminée par l'Esprit.

Les couleurs de sa robe sont le rouge suggérant l'activité, le bleu indiquant la spiritualité, le vert représentant la vitalité, le blanc, signe de pureté et le jaune désignant le monde matériel dans lequel l'être agit.

A ses pieds, on distingue une fleur rouge, une tulipe, que l'on a déjà observée sur d'autres lames; la fleur est sur le point d'éclore et elle est nourrie par l'énergie vitale symbolisée par le liquide transvasé. Ses trois feuilles représentent le ternaire divin.

La Tempérance évoque également l'ange solaire, identifié à l'archange Raphaël.

Le liquide transvasé suggère la purification initiatrice, suivie par l'ablution dans l'eau spirituelle. Il représente le baptême de l'Eglise catholique chrétienne.

L'initié, pour pouvoir aller de l'avant, a dû purifier son âme et éliminer tout désir et tout vice.

SYMBOLISME

Le chiffre quatorze symbolise le double septenaire, l'action des forces de l'Esprit et de l'Ame (7 + 7).

Purification de l'âme – Baptême – Persévérance – Constance.

Le symbole de cette carte est le Verseau, signe du Zodiaque anticonformiste et rénovateur, tourné vers l'avenir, audacieux et libre.

Les deux amphores de la Tempérance représentent l'équilibre entre le conscient et l'inconscient, entre l'intellect et la raison.

L'eau, symbole de l'âme, est à la terre ce que le sang est aux cellules, à savoir l'élément liquide qui transporte l'oxygène. L'eau, autrement dit, est le sang de la terre et de ce fait, son âme. Se mouiller dans l'eau signifie se purifier avec l'âme de la terre.

L'élément gazeux, c'est-à-dire l'air, représente, en revanche, l'Esprit qui est absorbé par le corps lors de la respiration, puis remis en circulation grâce à l'âme incarnée par le sang. Sur Terre, l'eau s'évapore, puis se condense et, dans sa chute, elle transporte l'air qui est précisément l'esprit de la Terre. Admirable analogie entre le microcosme et le macrocosme; ce sont là les secrets de la nature.

Symbole principal

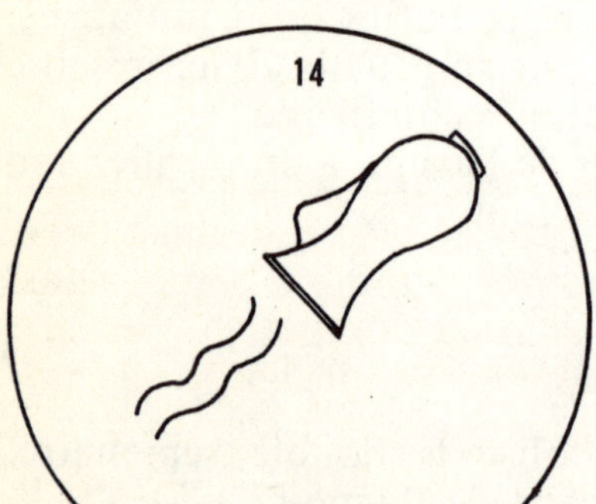

Autres symboles

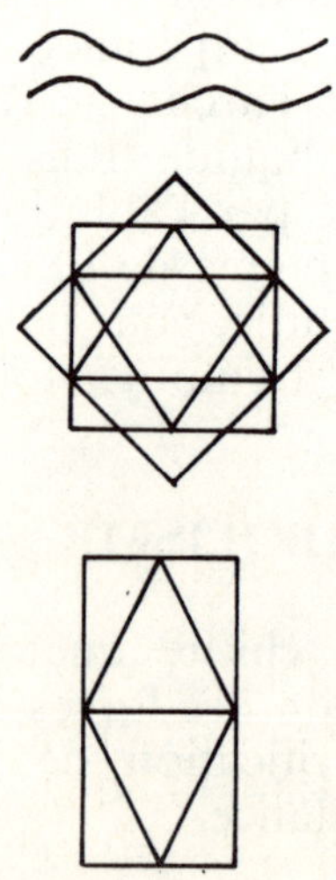

XV – LE DIABLE

Cette lame marque le commencement du troisième chemin, celui du corps. Elle représente un Diable sur un piédestal auquel sont enchaînés deux diablotins. C'est l'Arcane XV.

La tête du Diable, avec ses cornes, ses oreilles et sa barbe, représente le pentagramme flamboyant à l'envers, que nous avions déjà trouvé, mais à l'endroit, sur la cinquième lame, le Pape. La signification de la cinquième lame doit en conséquence être renversée: il ne s'agit plus ici de l'homme, mais de la bête, c'est-à-dire de tous les instincts les plus bas qui la caractérisent, le numéro six cent soixante-six de la bête et de l'Apocalypse.

Le Diable possède deux cornes jaunes (couleur du matérialisme), car c'est le maître du monde matériel; ses cornes lui permettent de recevoir de l'énergie du monde dans lequel il vit.

Sa tête est rouge et comporte une touffe de poils entre les deux cornes; c'est le feu ardent du vice et des instincts. Sur son front, on reconnaît le pentagramme blanc, signe que l'homme évolué est capable de dominer la matière grâce à sa supériorité. Il représente l'étincelle divine que l'on trouve aussi chez cet être.

Le Diable est un personnage androgyne, parce qu'il représente l'humanité; le symbole que l'on distingue sur son pubis indique d'ailleurs l'hermaphrodisme. Il figure le signe de Mercure, formé par le symbole de Vénus surmonté par un croissant de lune. La croix située vers le bas suggère la régression de l'être; la faux désigne l'activité matérielle. Ce symbole évoque également le Soleil, masculin, s'unissant à la Lune, féminine. La croix vers le bas souligne la bassesse des instincts du Diable.

Son buste comporte des seins dotés de mamelons rouges, qui doivent être rattachés au nombril, rouge également, avec lequel ils forment un triangle dont le sommet est dirigé vers le bas, symbole du microcosme, du matérialisme.

Le nombril nous rappelle que notre naissance se produit dans ce monde matériel, auquel nous sommes liés par notre corps, et dont nous sommes donc les enfants.

Les seins et les mamelons symbolisent la nourriture matérielle qui nous est donnée.

Dans sa main gauche, le Diable tient le symbole de l'union des sexes, composé d'une partie horizontale, jaune, passive, féminine, et d'une partie verticale, rouge, active, masculine.

Dans sa main droite, il porte un flambeau allumé dans lequel brûlent les vices et les instincts égoïstes qui se dissipent vers la lumière astrale de la terre.

Le bras droit du Diable est tatoué de l'inscription *Solve* et le bras gauche de l'inscription *Coagula*. Ces deux mots évoquent le mouvement de l'énergie qui se dissipe, éthérée, du bras droit et qui est captée par le bras gauche pour être coagulée. Si l'on se réfère à une image concrète, cela peut correspondre à l'eau qui s'évapore, puis se condense et retombe sur le sol. Ceci pour nous rappeler que tout vice, toute pensée négative aura une répercussion sur le monde physique (Karma négatif). Grâce à ces énergies, l'homme peut prendre un corps physique qui lui permettra de se purifier.

La partie inférieure de son corps est constituée de pattes d'animal couvertes partiellement d'écailles vertes: elles représentent les instincts bestiaux.

Le personnage du Diable comprend les quatre esprits

élémentaires, les quatre éléments de la nature: les sabots et les membres inférieurs symbolisent les Gnomes, la terre; les écailles, les Ondines, l'eau; les ailes, les Sylphides, l'air; la tête rouge, les Salamandres, le feu.

Les ailes bleues indiquent que l'être négatif est aussi créé par les pensées négatives des hommes.

Les deux griffes situées sur les ailes nous disent que le Diable est un être spirituel, doté d'une forme éthérique, qui a choisi le chemin de la matérialité. Il vivra tant que les hommes l'alimenteront par leurs désirs et leurs vices, tant que l'homme accordera de l'importance au monde matériel.

Le Diable est debout sur un piédestal représentant le monde dans lequel il agit. Le cube est bleu, car il indique que le Diable agit également sur le monde éthérique. Il comporte trois marches au sommet et trois marches à la base: cela représente l'action réciproque qui s'exerce entre les profondeurs et les hauteurs. Les marches inférieures sont plus grandes, car le Diable est lié aux choses terrestres.

Un diablotin (satyre) et une diablesse (faunesse) sont enchaînés au piédestal. Le Diable se divise en deux pôles: le mâle représente le pôle positif, la femelle le pôle négatif. L'être féminin incarne les principaux vices féminins (jalousie, gourmandise, luxure, orgueil), tandis que l'être masculin incarne les principaux vices masculins (paresse, avarice, irascibilité). La diablesse, verte, symbolise Vénus; le satyre, orange, symbolise Saturne.

Le bras gauche du diablotin est tendu vers la cuisse droite du Diable, et le bras droit de la diablesse est tendu vers son sabot gauche. Ils symbolisent le passage du fluide vital matériel. Le Diable capte le fluide du satyre et le transmet, par l'intermédiarie de son sabot, à la faunesse, laquelle le renvoie au satyre par la corde qui les relie. Avant d'atteindre le satyre, le fluide passe à travers un anneau fixé sur le piédestal, parce que ces énergies doivent s'écouler à travers le monde matériel. Les cornes et les mamelons rouges de la faunesse lui permettent d'absorber l'énergie qu'elle renvoie, de même que le satyre, grâce aux sabots et aux oreilles jaunes.

Cette carte représente le novice qui, au début de son chemin, est plongé dans le monde matériel, où se trouvent les vices et les bas instincts qu'il doit combattre pour pouvoir suivre la voie qu'il a choisi. Pour pouvoir dominer ces vices, et donc son propre corps, il doit, par ses renoncements, exercer sa force de volonté. Ce n'est qu'en éliminant ses vices et en contrôlant ses désirs et ses instincts que l'on peut asservir les forces matérielles. De la sorte, les forces inférieures sont utilisées par l'initié à son propre avantage.

Le Mal, représenté par le Diable, n'existe que parce que le Bien existe; il sert à le mettre en évidence. Le concept de lumière n'aurait aucun sens si l'ombre n'existait pas. Les ombres ne sont autres qu'une projection de la lumière, c'est pourquoi la création matérielle est l'œuvre du Diable.

L'homme étant un être spirituel vivant dans un monde d'illusions (monde de Mâyâ), un monde matériel, il peut à tout moment s'élever vers le monde véritable qui est le sien. Ceux qui ont recours à la sorcellerie et à la magie noire se mettent au service de ces forces auxquelles ils sont assujettis, tandis que l'initié, lui, les domine grâce à sa pureté et à sa spiritualité, il ne les utilise qu'à de nobles fins et elles lui sont soumises.

SYMBOLISME

Le Diable constitue l'envers du symbole de l'homme, le pentagramme flamboyant de l'Arcane V, le Pape.

L'homme qui se dédie aux forces du mal devient membre du règne de Satan.

La quintessence de ses trois corps (le physique, l'âme et l'esprit) donne le chiffre quinze (3 × 5); les jambes de l'homme deviennent les cornes du Diable, ses bras deviennent les oreilles et sa tête le museau de bouc du Diable.

Le Diable est le roi du monde matériel; il peut donc agir sur la matière, il peut transformer des cailloux en diamants, le fer en or, toutefois, chacun de ses actes se réfère au monde matériel; celui qui se voue à lui deviendra le maître de la matière.

Il renferme également les parties négatives des sept planètes: l'orgueil, la vanité et la fierté du Soleil; la paresse et l'indolence de la Lune; la jalousie de Mercure; l'irascibilité et la susceptibilité de Mars; la gourmandise de Jupiter; l'avarice de Saturne; l'envie de Vénus.

Ceci démontre que les forces astrales interviennent également dans la formation des forces négatives.

Soleil	☉
Lune	☾
Mars	♂
Mercure	☿
Jupiter	♃
Saturne	♄
Vénus	♀

Le symbole du Diable est également représenté par un serpent qui se mord la queue (Ouroboros), créant ainsi un mouvement contraire à celui des aiguilles d'une montre, ce qui symbolise le chaos.

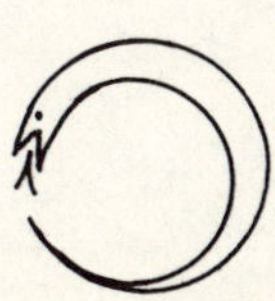

Symbole principal

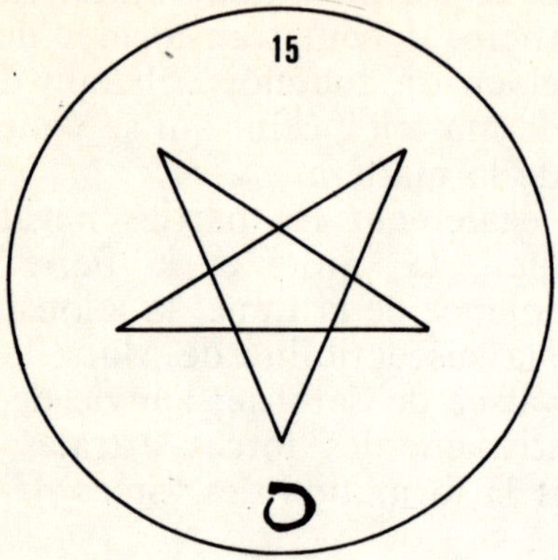

Autres symboles

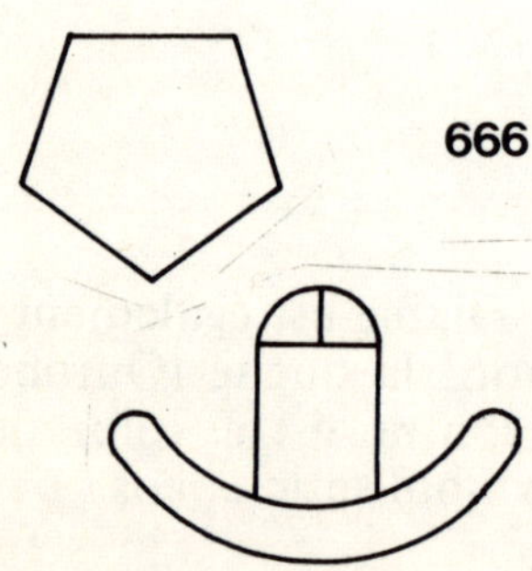

XVI – LA MAISON-DIEU

L'Arcane XVI représente l'image d'une tour. C'est un monument ancien, d'aspect phallique (le Jod créateur), qui est construit par l'homme pour symboliser sa puissance, son autorité, sa supériorité.

Cette tour est également une incarnation du corps matériel de l'homme (l'unique animal qui puisse s'élever spirituellement). Son objectif n'est pas de se diriger vers la matérialité. Ce corps, cette construction, lui sert à se purifier, à valoriser sa spiritualité.

La tour est formée de briques représentant les cellules qui composent le corps. Chaque brique peut également représenter l'individu et l'ensemble de la tour la société (on peut penser ici à la tour de Babel).

La couleur des briques suggère la chair, le monde matériel, vivant. Au sommet, les créneaux sont bordés d'or, en signe de spiritualité.

Au-dessous, on distingue une bande de briques rouges qui évoquent l'activité religieuse. Plus bas encore, une bande de briques vertes symbolise le mysticisme. Toute cette partie s'écroule, car elle représente les fausses religions, autrement dit toutes les religions dispensant de faux enseignements, une fausse spiritualité, les religions préconisant l'amour de Dieu, mais dont l'action est opposée à cette doctrine, est tournée vers la matière et non vers l'esprit.

La tour présente quatre ouvertures: une grande et trois petites. Elles sont toutes bordées de rouge, l'activité créatrice. La grande ouverture ne comporte pas de porte, parce que l'entrée est facile d'accès: on peut y pénétrer passivement.

Au-dessus de la porte, on trouve deux ouvertures (fenêtres) côte à côte; celle de gauche représente la science, la technologie, et celle de droite le raisonnement et le monde de l'âme.

Un peu plus haut, on distingue une autre fenêtre: elle symbolise l'ambition, la présomption, les spéculations de la foi. C'est la raison pour laquelle cette tour est appelée Maison-Dieu.

Elle est détruite par un rayon foudroyant du Soleil, qui représente la Raison suprême gouvernant les hommes (la loi divine, le Karma). Le Soleil émet deux rayons rouges qui évoquent l'action, la volonté purificatrice. L'éclair qu'il lance s'accompagne d'un nuage de fumée, c'est l'énergie éthérique libérée.

Ceci nous fait comprendre que tout ce qui est rationnel tend à une fin matérielle; on le constate aujourd'hui avec la technologie moderne dont les objectifs sont effectivement matériels. Les deux personnages qui apparaissent sur la carte sont punis pour leur présomption.

Le premier est un roi qui, en tombant, conserve sa couronne; cela signifie que sa royauté est spirituelle, donc durable; il peut symboliser le chef d'une Eglise.

Son corps forme la lettre hébraïque Ayn qui est le symbole de cette lame. Les couleurs dominantes de son habit sont le bleu, le vert et le rouge, car cet homme veut donner l'impression de ne se consacrer qu'à la spiritualité (bleu), au mysticisme (vert) et à l'effort de volonté (rouge). Il est cependant contredit par la couleur jaune de sa jambe gauche et de sa ceinture, qui indique que son œuvre repose sur le matérialisme et qu'elle est souillée par le vice.

Sa manche droite est bleue: c'est l'étincelle spirituelle.

Derrière la tour, on entrevoit un second personnage vêtu de rouge; c'est l'architecte qui a construit la tour et la couleur rouge évoque son activité créatrice. L'architecte de la tour (notre corps physique), qui se met au service de la royauté spirituelle, représente le matériel génétique qui se multiplie dans l'utérus maternel en construisant un corps matériel. Cet architecte meurt avec la tour, car il est fait de matière transitoire, tué par une brique qui lui tombe sur la nuque.

Pendant l'explosion de la Maison-Dieu, des sphères multicolores sont projetées tout autour de la construction: elles représentent la condensation des énergies vitales. Le rouge indique le corps astral, le vert l'âme et le corps éthérique, le jaune le corps physique. Ces énergies sont en suspension dans l'éther, car elles subsistent pendant une certaine période avant d'être complètement absorbées.

Le nombre des sphères s'élève à seize, le numéro de la lame. On en compte cinq jaunes, cinq vertes et six rouges. Les vertes et les jaunes appartiennent au monde matériel. Les rouges sont plus nombreuses, car elles représentent l'énergie spirituelle qui transcende ce monde.

Sept briques tombent de la tour: elles symbolisent le septenaire, base de la construction du monde matériel. Avec la quinzième lame, le Diable, nous avons vu que tout être est formé, au début de son parcours, par un corps matériel, instinctuel, et par une étincelle divine, le pentagramme posé sur le front du Diable.

La Maison-Dieu nous engage à ne pas orienter l'objectif de notre vie vers le matérialisme, le sexe, les richesses, les plaisirs, le pouvoir temporel, mais au contraire à développer notre spiritualité, sous peine d'être puni pour notre présomption et de devoir tout recommencer du début.

Cet avertissement, de nos jours, s'adresse entre autres aux industriels et aux hommes de pouvoir qui consacrent leur vie à s'enrichir, à couver des rêves de mégalomanes et à exploiter les autres pour augmenter leurs biens matériels.

Cette lame représente également le péché originel.

SYMBOLISME

Le symbole typique de l'Arcane XVI est lié au signe astrologique de la planète Mars ♂. Il représente la guerre et la destruction du monde matériel.

Ce n'est qu'en détruisant et en disciplinant son corps (la Maison-Dieu) que l'on peut poursuivre sa quête initiatique. Les forces spirituelles détruisent la partie matérielle la plus dangereuse de notre être et punissent les actes de présomption. Le symbole de cette carte évoque le Soleil ⊙ se mettant en colère et foudroyant les hommes de son courroux  , représenté par une flèche dirigée vers le bas.

Cette lame est également une représentation de la tour de Babel, composée de sept cubes qui rappellent le chiffre de base de la création.

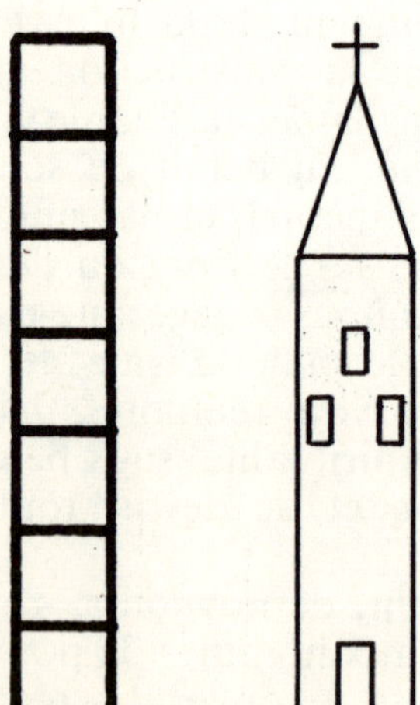

Cet Arcane est baptisé Maison-Dieu pour enseigner que le corps n'est qu'une demeure passagère où l'on peut trouver l'étincelle divine. Pour que l'étincelle se libère, il faut détruire cette demeure (par le cycle des réincarnations).

Dans ce cas, le symbole peut être constitué par le clocher d'une église, qui représentera justement un lieu sacré appartenant à un édifice divinisé.

Symbole principal

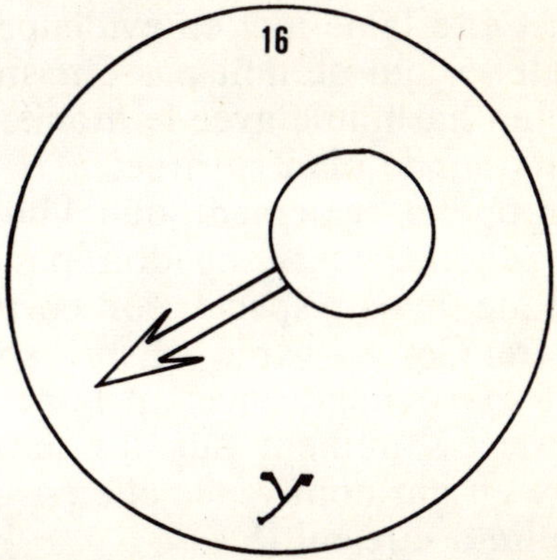

Autres symboles

XVII – L'ETOILE

Avec l'Etoile, on poursuit le chemin consacré à l'évolution du corps. Cette lame met en évidence le côté positif du monde matériel qui ne doit pas être méprisé.

Il faut vivre en harmonie avec le monde matériel pour pouvoir évoluer sur le plan spirituel.

Elle nous rappelle également que l'homme, tout en acceptant les renoncements, ne doit pas en arriver au sacrifice physique, mais respecter son corps car il appartient à la Nature. Corps – Ame – Esprit sont étroitement liés, aussi tout changement affectant l'une de ces sphères se répercute nécessairement sur les autres. Aimer la Nature et vivre en harmonie avec elle est un devoir pour quiconque aspire à être initié.

L'Arcane XVII représente une jeune fille nue: c'est la Nature. Elle a de longs cheveux blonds et n'est revêtue que de son essence primordiale.

De sa main gauche, elle tient une amphore d'argent dont elle verse le contenu sur la terre, et de sa main droite, elle vide une amphore d'or dans un étang. Ce sont les amphores de la Tempérance: celle qui est en argent représente le sentiment, l'imagination, la recherche intérieure; celle qui est en or, la conscience, l'activité, la raison.

Le liquide, qui représente ces deux types d'énergie, est versé sur terre et dans l'eau pour indiquer que ces énergies vitales doivent s'appliquer aussi bien à la partie physique de la Nature (la terre), qu'à son âme (l'eau).

L'homme ne doit pas considérer la Nature uniquement sous un angle actif, en se contentant d'adopter un comportement écologique, il doit aussi s'efforcer d'être en harmonie avec elle au plan animique; il doit exprimer des pensées et des sentiments sincères et se trouver avec elle en parfaite communion.

A droite de la lame, figure une branche d'acacia et, à gauche, on peut voir une rose rouge éclose. La branche d'acacia symbolise l'immortalité, la rose l'amour et la beauté.

Les neuf feuilles que porte la branche d'acacia suggèrent la recherche intérieure de l'homme.

La rose possède deux branches de cinq feuilles chacune: le chiffre dix évoque la réalisation de l'amour et de la beauté.

Ces petites plantes sont maintenues en vie par la Nature qui, au moyen des fluides vitaux qui traversent l'eau et la terre, les arrose indirectement.

Le bois d'acacia et la rose sont le symbole des Rose-Croix, une école d'initiation ésotérique allemande. Ce symbole signifie que leur foi n'est pas aveugle, mais active, fondée sur la recherche et la connaissance.

Un papillon est posé sur la rose; ses ailes célestes symbolisent les pensées nobles et les taches rouges qu'elles présentent indiquent l'activité, l'action, la recherche. Le papillon représente la transformation. Il a éliminé les futilités, s'est doté d'ailes afin de pouvoir planter dans le monde éthérique des pensées et de l'amour et s'est posé sur la corolle de la rose pour respirer le parfum suave des sentiments nobles.

Cela signifie que la pensée humaine doit abandonner son dualisme, cesser de subir les influences extérieurs, et se consacrer à aimer profondément tout ce qui l'entoure. On peut ici se référer à l'œuvre de saint François.

Au premier plan de la lame, on distingue un précipice

au bord duquel se tient la jeune fille: il symbolise le fragile équilibre de la Nature, qui doit être protégée. Il suffirait, en effet, de détruire un seul anneau de la chaîne écologique pour provoquer des catastrophes.

Huit étoiles sont dessinées sur cette lame: sept sont de petite taille, la septenaire, et entourent la huitième, plus grosse, qui représente Vénus, ou Lucifer celui qui donne la vie matérielle.

En plus de ses rayons d'or ce grand astre projette huit rayons verts qui suggèrent la transcendance, la loi divine. Les rayons verts évoquent le désir de se matérialiser, de prendre corps, un désir nécessaire pour pouvoir affronter les difficultés de l'existence.

Quatre étoiles composées de huit rayons d'or sont disposées en carré. Ce sont les influences attribuées aux quatre planètes principales: Mercure, Mars, Jupiter et Saturne.

On peut également observer deux grosses étoiles bleues: celle de droite symbolise la raison, celle de gauche l'intuition, le sentiment.

Au-dessus de la tête de la jeune fille brille une étoile bleue, la plus petite, qui se trouve juste au-dessous de la grande. Elle représente l'étoile personnelle de chacun d'entre nous. Elle est aussi le symbole de l'Esprit guide ou Ange gardien. Selon les théories de Paracelse, à tout homme correspond une étoile dans le ciel. L'homme doit donc être en communion parfaite avec la Nature pour pouvoir accomplir son œuvre.

Les étoiles illustrant cette carte nous rappellent que l'homme n'est pas un être terrestre. C'est un être astral et tous les astres exercent sur lui une influence directe. L'homme, en effet, ne vient pas au monde n'importe quand, mais durant une période zodiacale précise qui est prédéterminée, de façon que les influences astrales entrent dans le cadre de la loi du Karma. Les astres ne sont pas des êtres matériels. Ils possèdent une âme et un esprit et sont donc des entités douées de vie.

Cette lame représente le monde du sommeil profond. Durant les phases de ce sommeil profond, l'homme abandonne son corps physique et vit dans les espaces astraux desquels il provient. A son réveil, il n'a pas conscience de cet état, et ce parce qu'il doit procéder à sa purification terrestre.

SYMBOLISME

Symbole de la Nature créée grâce à la présence de la lumière. La Nature repose sur la lumière et si celle-ci n'existait pas, ni les plantes, ni les animaux, ni l'homme n'auraient pu se développer.

La lumière émane de l'être spirituel appelé Lucifer (qui signifie textuellement porteur de lumière); c'est lui qui nous permet de nous purifier lorsqu'il se transforme en corps matériel (lumière condensée). Lucifer est également identifié à la planète Vénus. Le symbole de cette lame correspond d'ailleurs parfois au symbole de la planète Vénus. C'est d'ailleurs la planète que l'on peut observer le plus facilement, puisqu'elle est visible à l'œil nu.

Le symbole de cette lame est constitué d'une grosse étoile à huit branches (le double quaternaire) ✳, ancien idéogramme qui représentait l'œil de Dieu. Le symbole du Soleil est représenté au centre de l'étoile pour évoquer la source de chaleur et de lumière dont dépend toute la nature.

Symbole principal

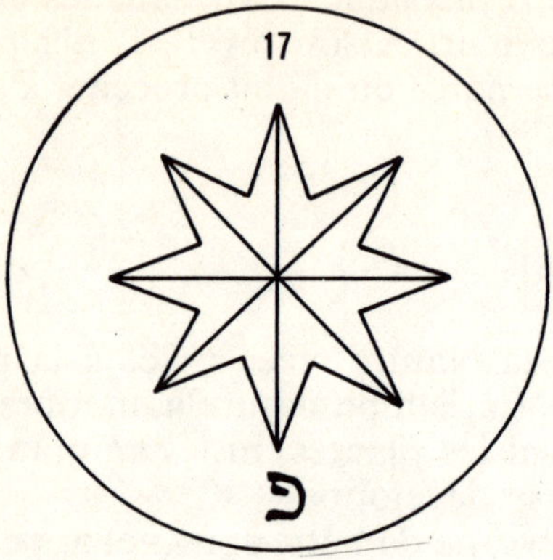

Autres symboles

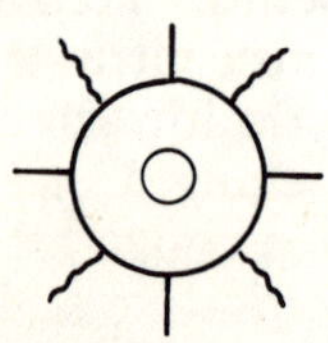

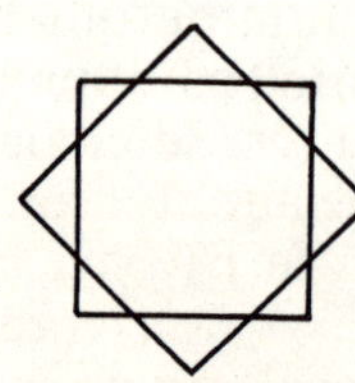

XVIII – LA LUNE

L'Arcane XVII représentait la Création et la Nature et nous rappelait que l'homme est issu et fait partie de la Nature.

Afin de pouvoir poursuivre son chemin, l'homme doit donc connaître les forces de la Nature et savoir les dominer. C'est ce qu'enseigne l'Arcane XVIII, la Lune.

Cette lame représente la magie qui doit être uniquement considérée comme la connaissance des forces de la Nature. Lorsque l'on s'engage sur la voie de la magie, il ne faut pas le faire de façon superficielle, car c'est un terrain dangereux comportant de nombreux pièges. Celui qui entreprend ce voyage doit être prêt à affronter des épreuves, à faire des sacrifices, aussi est-il conseillé à l'homme faible et timoré d'y renoncer, car la folie et la mort l'attendraient sur son chemin.

Au bas de la lame, on distingue un crabe rouge se déplacant au fond d'un étang. Cet étang est notre inconscient, la psyché. Le crabe rouge est l'activité de l'inconscient; il nous rappelle qu'il se meut dans le passé. Le crabe, l'activité, a pour tâche de remettre de l'ordre dans notre inconscient, en absorbant son contenu refoulé, en dévorant, autrement dit, les expériences qui heurtent notre conscience, qui sont ainsi reléguées dans les couches les plus profondes de notre inconscient. C'est ce qui est suggéré par sa carapace pétrifiée jouant le rôle d'une barrière.

Le sentier sinueux qui s'enfonce vers le lointain frôle l'étang, parce qu'il est facile de tomber dans les visions introspectives de notre inconscient et d'être emporté par ces fantasmes des ténèbres. Ce sentier passe entre deux chiens, un noir, de grande taille, et un blanc, de petite taille, qui délimitent deux zones.

Il est assez facile d'arriver jusqu'au bord de l'étang, car le chemin est d'abord droit, tandis qu'au-delà des chiens, il devient tortueux et se perd au fin fond des limites de la raison.

Le chien blanc, symbole de la pureté, se dresse sur ses quatre pattes pour indiquer que son message est de nature spirituelle; il aboie contre les incrédules, les impies, les athées.

Le gros chien noir reste couché, parce qu'il appartient au matérialisme; il aboie contre ceux qui s'opposent à l'ordre et à l'objectivité, ceux qui sont enclins à l'excès et au vice.

L'homme pourra aller de l'avant s'il ne craint pas ces deux chiens, autrement dit, s'il possède les vertus qu'ils exigent.

A l'arrière-plan de cette lame, on distingue deux tours carrées, situées de part et d'autre du sentier; leur couleur, comme celle de l'Arcane n° 16, nous indique que ce sont des constructions vivantes. Leurs créneaux sont en or pour évoquer l'intelligence; au-dessous de ceux-ci, on distingue une bande de briques rouges, signe d'activité. Ces deux tours constituent le dernier avertissement et rappellent au voyageur imprudent que le dessein auquel il aspire ne pourra se concrétiser, tant que les froids rayons lunaires illumineront le sentier, en déformant et en faussant tout ce qui l'entoure.

La tour de droite nous engage à ne pas perdre notre bon équilibre psychophysique, le contrôle de notre corps et notre moralité. Elle présente une porte bien en évidence, parce qu'elle se réfère à la partie physique de l'être, la mieux connue.

La tour de gauche nous engage à ne pas nous laisser emporter par l'imagination, le fanatisme, les fausses doctrines.

L'ignorance est préférable à la folie.

La Lune brille dans le ciel; elle est représentée par un profil de femme aux traits un peu empruntés, pour évoquer la fausse beauté. La Lune émet dix-huit rayons jaunes, le chiffre de la lame qui indiquent que son action est purement matérielle. Entre ceux-ci, on distingue de petits rayons rouges symbolisant la faible activité spirituelle de l'astre. Cette image signifie que la lumière lunaire favorise une vision subjective de la réalité, en masquant la vérité par un faux voile. Les gouttes dessinées à l'envers, rouges, vertes et jaunes, correspondent aux énergies qui sautent vers l'astre pour être absorbées, car, contrairement au Soleil, la Lune ne fournit pas d'énergie, mais elle en capte.

En magie, la Lune est le symbole féminin, la passivité, l'inaction, des qualités que doit toujours posséder l'initié.

Cette lame nous apprend que, pour aller de l'avant, il faut atteindre la véritable connaissance, qui est, bien sûr, représentée par le Soleil.

Ceux qui se noient dans la subjectivité, le dualisme, le manque de discernement, dans l'ombre du matérialisme, ne peuvent que s'éloigner du droit chemin.

Ceux qui maîtrisent les phénomènes paranormaux, mais ne cherchent pas à aller plus loin, croyant être arrivés au but, sont asservis aux forces lunaires et se fourvoient de toute façon, car ce n'est pas le chemin qui conduit à l'évolution. Cela peut être, tout au plus, une simple étape.

Ceux qui s'adonnent aux pratiques occultes sans viser plus haut ne peuvent qu'aller à leur perte et sombrer dans la folie.

Ce n'est que lorsque l'initié sentira briller en lui les chauds rayons du Soleil qu'il sera en mesure de poursuivre son chemin.

SYMBOLISME

Cette carte est le symbole de l'imagination, de l'intuition, de l'inconscient.

Le Soleil est notre père et la Lune notre mère. La Lune est l'astre qui donne à l'homme son énergie psychique et nourrit son inconscient de façon qu'il cherche la vérité (le Soleil) en lui-même.

La Lune freine, d'une certaine façon, notre évolution, mais c'est un ralentissement nécessaire et utile: l'homme serait ébloui et foudroyé si la vérité lui apparaissait brutalement. Grâce aux ombres lunaires, la prise de conscience se fait en douceur, et l'homme finit par passer à travers le léger voile de lumière de la Lune pour se diriger vers le Soleil. Ce symbole peut être représenté par l'argent, qui est le métal lunaire.

La Lune, lorsque ses pointes sont tournées vers le haut , représente la victoire sur la matière et la possibilité de puiser de l'énergie de la lumière astrale. Son symbole rappelle les deux cornes que le sorcier du village portait autrefois sur la tête ou qui ornaient le casque des peuples barbares; la signification des cornes sur la tête est liée à la possibilité d'absorber les énergies et de les concentrer dans sa tête, pour les distribuer ensuite à soi-même ou aux autres.

Lorsque, en revanche, ses pointes sont tournées vers le bas , elle représente la soumission et l'asservissement à ces forces, ou le dévouement aux forces négatives de la planète Terre. Si toutefois les pointes de la Lune sont vers le bas, mais qu'elle est surmontée par un pied humain, cela indique la maîtrise de ces forces.

Symbole principal

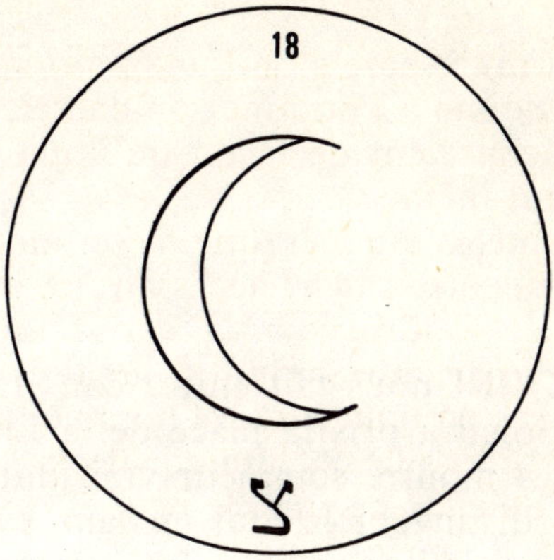

Autres symboles

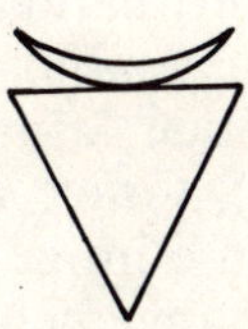

XVIIII – LE SOLEIL

L'Arcane XVIIII nous fait entrer dans le domaine de l'activité. Le Soleil a pris la place de la Lune; il éclaire les objets et les montre sous leur vrai jour. L'initié qui est parvenu à distinguer le vrai du faux est maintenant sûr d'avancer sur la bonne voie. Les rayons du Soleil lui donneront force et énergie, puisqu'il a choisi le chemin de la spiritualité.

Un jeune couple est représenté au centre de la lame: il symbolise l'union de l'activité et de la passivité, de l'âme (elle) et de l'esprit (lui). La jeune fille porte un pagne bleu pour indiquer la spiritualité de son âme; le jeune homme porte un pagne rouge pour signaler l'activité de son esprit. Le couple évoque le mariage du sentiment (elle) et de la raison (lui). Grâce à cette alliance, l'homme peut se réaliser, car il a éliminé le dualisme par une sage réflexion: le grand changement intérieur s'est produit en lui, sans que les influences extérieures n'interviennent. Cela signifie que l'homme doit se changer lui-même et ne pas attendre que ce soient les autres qui changent.

Les deux jeunes personnages sont situés dans une platebande composée de fleurs bleues, jaunes et rouges. Le bleu représente la spiritualité, le rouge l'activité, le jaune la connaissance. Le vert de l'herbe symbolise l'essence vitale dans laquelle ces attributs (les fleurs) se développent, la plate-bande est circulaire pour rappeler le symbole protecteur du Soleil.

Les personnages se trouvent au centre pour indiquer qu'ils baignent dans leurs vertus, représentées par les fleurs. Le pied droit représente la raison, le gauche le sentiment. Ces deux êtres deviennent ainsi un seul et même corps.

Derrière le couple se dresse un muret composé de cinq rangées de briques bleues et de trois rangées de briques rouges et jaunes. Le bleu suggère la spiritualité, la religion constructive, le rouge l'énergie active et le jaune le savoir acquis. Ce mur est cimenté par l'esprit fraternel qui unit les âmes en rassemblant tous les éléments actifs: force, intelligence, amour. Il a été érigé par les enfants du Soleil, qui ont ainsi transformé les bas instincts en or moral. L'ignorance et l'égoïsme ont cédé la place à la connaissance et à l'amour. Ces vertus sont l'essence du mur qui les protège et les isole des attaques extérieures.

Le Soleil brille au-dessus de la tête du couple. Douze de ses rayons sont jaunes et droits et douze autres sont rouges et zigzaguent comme des éclairs. Leur nombre symbolise les douze signes du Zodiaque. Les rayons jaunes représentent la luminosité, les rouges la chaleur et la volonté; ils sont en zigzags parce qu'ils suggèrent la volonté créatrice. Les deux rayons rouges du bas effleurent la tête des jeunes gens pour leur distribuer encore plus d'énergie et de chaleur.

Les hommes méritants reçoivent toujours plus en échange que ce qu'ils donnent.

Cette lame est celle de l'amour, du bonheur intérieur; l'homme découvrant l'étincelle divine possède la formule de la transmutation: tout devient bonheur, joie de vivre, acceptation, car il participe activement à la réalisation du Grand Œuvre.

L'homme découvre en lui un Etre spirituel supérieur; il transcende ainsi le matérialisme, la haine, la violence et connaît l'amour pur, impersonnel.

SYMBOLISME

Cette lame est le symbole de la spiritualité maximale, des énergies positives, de la lumière divine.

Le Soleil a été vénéré par l'homme dès son apparition sur la planète; il dispense la vie et la chaleur, non seulement matérielles, mais aussi spirituelles.

Le Soleil nous envoie en permanence des énergies spirituelles positives, indispensables à notre évolution: la raison, le discernement nous proviennent du Soleil. C'est la raison pour laquelle l'homme a toujours considéré les éclipses solaires comme des événements néfastes. La lumière du Soleil étant masquée, celui-ci ne peut, en effet, plus libérer ses énergies sur l'homme. L'homme le moins évolué est affecté par le déséquilibre qui s'ensuit et son comportement peut s'en ressentir.

Si l'or symbolise le Soleil, c'est précisément en raison de sa très grande noblesse alchimique.

Le Soleil est représenté par un cercle symbolisant le vide, le zéro, le chaos; au centre de ce cercle est placé un point évoquant la création, l'activité, la coordination.

Ce symbole suggère également l'œil de Dieu, la raison, la volonté.

Symbole principal

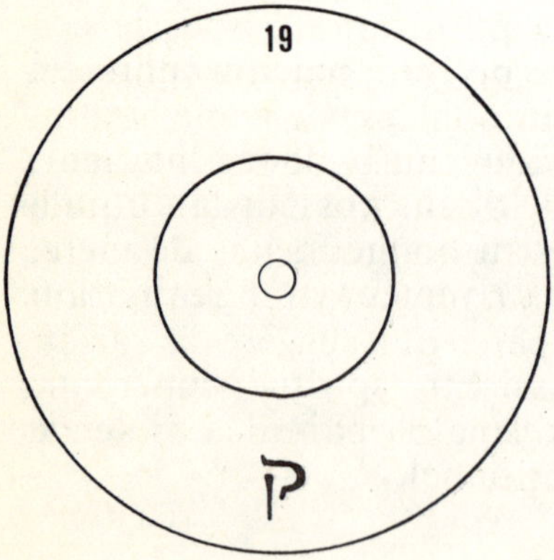

Autres symboles

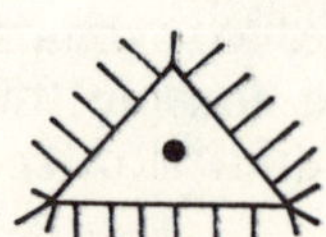

XX – LE JUGEMENT

L'initié sait maintenant quel est le chemin à suivre et progresse vers la lumière divine, mais il n'a pas atteint son but. Il doit encore se soumettre à de nouvelles épreuves pour se préparer au grand changement, en d'autres termes, pour renaître à un niveau supérieur.

Trois personnages sont représentés sur l'Arcane XX le père, la mère et le fils: la trinité. On y remarque une dominante féminine (l'initié est blond comme sa mère et les rayons rouges sont orientés vers la mère) indiquant que l'initié est encore lié à la mère nature, car il possède toujours un corps physique. Le père a les cheveux roux pour symboliser l'activité initiale du principe masculin (le Jod).

Le fils, vu de dos, est debout dans un cercueil bleu bordé de blanc évoquant la spiritualité et la pureté acquises après la dure épreuve (la purification). Sous le cercueil, on distingue une bande de terre marron représentant le passé et les épreuves surmontées. Ce jeune homme rappelle le Bateleur au commencement de son voyage.

Devant lui, plongés jusqu'à la ceinture dans un liquide vert symbolisant l'âme terrestre, se trouvent, à gauche, sa mère, qui correspond à l'amour, à la religiosité, aux sentiments, et à droite son père, qui suggère la raison, l'intelligence, la connaissance.

Le fils, au sommet de ce triangle, recueille ces vertus et concrétise l'action spirituelle.

Au-dessus de leur tête, on voit l'Ange de la Justice. Ses ailes sont vertes, parce qu'il agit dans le règne de l'esprit.

Son habit bleu bordé de blanc symbolise la spiritualité divine dans toute sa pureté. Les manches rouges évoquent l'action incessante de l'Ange du Réveil.

Il souffle dans une trompette d'or pour transmettre le message divin qui est envoyé des sphères supérieures à l'initié. Un étendard divisé en quatre parties par une double croix est fixé à la trompette. Il représente la quadruple connaissance philosophale, soit l'achèvement de l'initiation. La couleur rouge de l'étendard symbolise la quadruple réalisation, la croix d'or le principe divin, la croix jaune la profonde spiritualité.

L'Ange est coiffé d'un chapeau pourpre signe de son activité incessante.

Il comporte le symbole du Soleil, la lumière divine. Ses cheveux d'or sont le signe de la transcendance intelligente. Le nuage circulaire dont il est entouré représente l'abstraction concrétisée, les forces éthériques transformées en énergies inspiratrices qui parviennent à l'initié, prêt à les recevoir.

Six rayons d'or et six rayons rouges sont représentés: le double hexagramme. Les rayons d'or symbolisent ce qui atteint l'initié sous forme de pensées et d'idées; les rayons rouges suggèrent l'aide pleine de bonne volonté et les actions vouées à l'amour. Ces rayons envoient des flammes colorées, rouges, vertes et jaunes: ce sont les dons dispensés par l'Ange de la Justice à l'initié qui, grâce à la connaissance acquise, est en harmonie avec lui-même. Les petites flammes rouges caractérisent les actions créatrices, les vertes la vitalité spirituelle, les jaunes la connaissance.

Cette lame représente le haut niveau d'initiation que l'homme doit atteindre pour pouvoir devenir un Maître. Il doit d'abord mourir pour renaître ensuite, après avoir abandonné dans son cercueil son ancien MOI.

Il ne réapparaîtra que complètement régénéré, car il se sera ainsi débarrassé de l'enveloppe encore imparfaite dans laquelle il était enfermé.

Le Maître possède maintenant de nouveaux organes; ce sont les organes animiques qui lui permettent d'accéder au niveau supérieur: il est en mesure de lire dans la pensée d'autrui, d'accomplir la thaumaturgie la plus parfaite et de vivre au-delà du temps et de l'espace. Cependant, il reste indifférent à tout cela et ses actions s'attachent à indiquer le chemin de la spiritualité aux êtres qui sont dans le besoin.

Cette lame évoque l'épreuve des trois jours et demi qui était autrefois pratiquée par les écoles ésotériques, où l'initié progressait d'un rang et accomplissait le devoir du Maître, après avoir vécu quelques instants dans des sphères astrales supérieures.

SYMBOLISME

La lame de la Justice symbolise la catharsis, la libération, le changement. C'est l'épreuve de l'initiation qui va permettre à l'homme de s'élever à un niveau astral plus subtil.

Son symbole peut être un carré, symbole de l'homme, au centre duquel est inscrit le chiffre neuf, chiffre de l'initiation. 9 + 4 = 13, ce qui correspond à la renaissance.

Cette renaissance étant active et non passive, le carré sera tourné sur un angle et surmonté d'une croix.

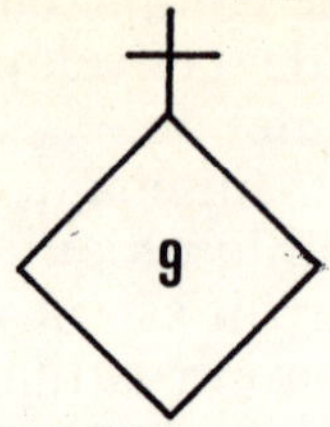

La renaissance s'applique aux trois parties essentielles (corps, âme, esprit) représentées par le père, la mère et le fils; le ternaire est symbolisé par un triangle dont le sommet est orienté vers le haut △ surmonté par la croix de l'Ange de la Justice  .

Cette lame symbolise le profond changement individuel qui est intervenu grâce à la volonté et à la persévérance.

La quintessence, l'homme (le chiffre cinq) multiplié par les quatre forces de la nature donne le chiffre vingt, le Jugement final.

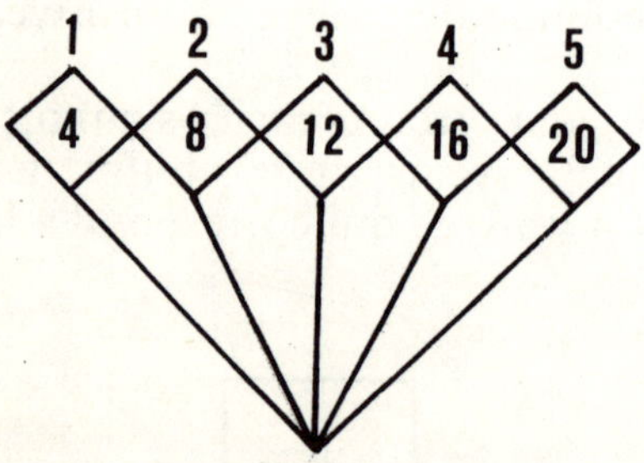

Symbole principal

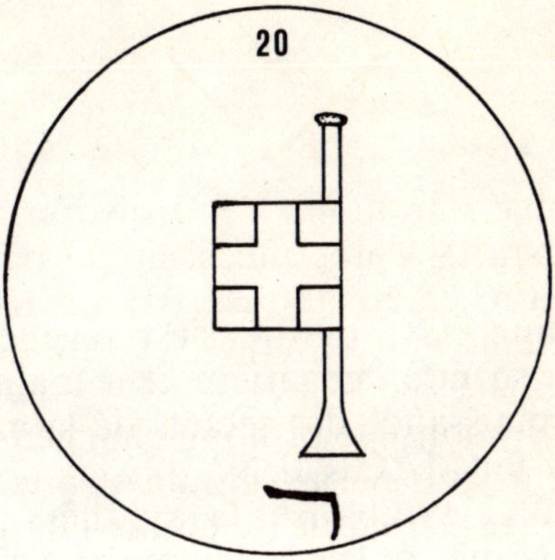

Autres symboles

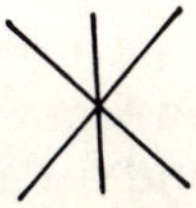

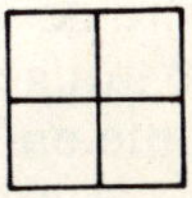

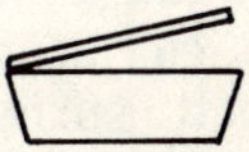

XXI – LE MONDE

Avec l'Arcane XX, l'initié s'est régénéré spirituellement, il a transcendé la matière et a maintenant acquis la parfaite connaissance des secrets de la nature; il est de ce fait devenu un MAGICIEN.

L'Arcane XXI symbolise la synthèse de toute son œuvre. Cet Arcane, outre le triomphe de l'initié sur la matière, évoque le triomphe total de l'âme et de l'esprit.

Désormais l'initié est le maître du monde, il a asservi toutes les forces de la nature et les anges eux-mêmes volent à son service, car il est pénétré d'une lumière divine supérieure à la leur.

Au centre de la lame figure une femme à peine couverte d'un drap rouge qui évoque son mouvement perpétuel. Cette femme en mouvement correspond à l'âme de l'univers, à la vie qui anime tous les êtres, à la Création.

Dans sa main droite, elle tient deux baguettes couronnées par une sphère bleue et une sphère rouge: elles symbolisent les énergies captées et restituées au sein du tourbillon vital. La baguette surmontée de la sphère rouge capte la chaleur céleste qui rayonne grâce au souffle émanant de la baguette à la sphère bleue. Les deux baguettes sont tenues dans la main gauche, celle qui absorbe; la main droite, tournée vers le bas, répand l'énergie.

La femme se déplace dans une guirlande composée de trois rangs de feuilles vertes fixées, en haut et en bas, par des rubans entrecroisés. Cette guirlande végète grâce à l'esprit régénérateur universel émanant de la femme. Elle représente le mouvement des astres et le mouvement perpétuel. Les deux rubans entrecroisés figurent les deux pôles, positif et négatif, qui, en s'attirant et en se repoussant, sont à l'origine du mouvement initial.

Le point de croissance des feuilles est situé au centre de la partie inférieure de la guirlande. De là, les feuilles ordonnées sur trois rangées, remontent vers la droite et la gauche pour s'unir au sommet de la couronne. Elles symbolisent le double ternaire, l'hexagramme, le microcosme uni au macrocosme pour former un Tout.

Aux quatre angles de la lame, on distingue les quatre symboles des Evangélistes: le Lion, le Taureau, l'Aigle, l'Ange.

A gauche, le Taureau de saint Luc évoque la terre, le printemps; ses cornes sont rouges pour indiquer l'énergie active qu'il renferme.

A son côté, à droite, le Lion de saint Marc représente le feu, l'été; sa crinière suggère les flammes du feu, son museau jaune la chaleur de l'été.

En haut de la lame, dans l'angle opposé à celui du Taureau, on trouve l'Aigle de saint Jean, sur le point de s'envoler, qui symbolise l'automne. Son corps bleu représente l'air; son bec, ses serres et le bout de ses ailes sont dorés, en signe de spiritualité.

Dans l'angle opposé à celui du Lion, on trouve l'Ange de saint Matthieu, symbolisant l'eau, l'hiver. L'Ange est vêtu de rouge (l'activité) et ses ailes dorées s'élèvent vers les plus nobles idéaux, condensés dans le nuage qui l'entoure.

L'Ange et les trois animaux représentent donc les quatre forces de la Nature (le symbole de la Croix), mises en mouvement par l'action centrale que suggère la vitalité de la femme. Ce mouvement s'effectue dans le sens des aiguilles d'une montre et peut être symbolisé par le svastika ou croix gammée.

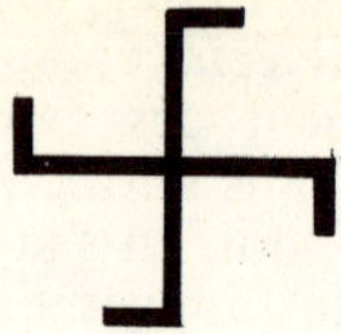

Ils symbolisent également les quatre points cardinaux, figurés dans le ciel par quatre étoiles disposées en croix, dont le centre est l'étoile polaire.

Le Taureau (la Terre) est transformé par le Lion (le feu) en vapeur (l'Aigle), puis se recondense en eau (l'Ange) pour redescendre sur la Terre (Taureau).

Le message des quatre Evangiles a également été transmis sur quatre plans différents. L'Evangile véritable correspond à l'ensemble des quatre.

Chaque Evangile décrit la vie du Christ à un niveau différent (physique – éthérique – astral – animique).

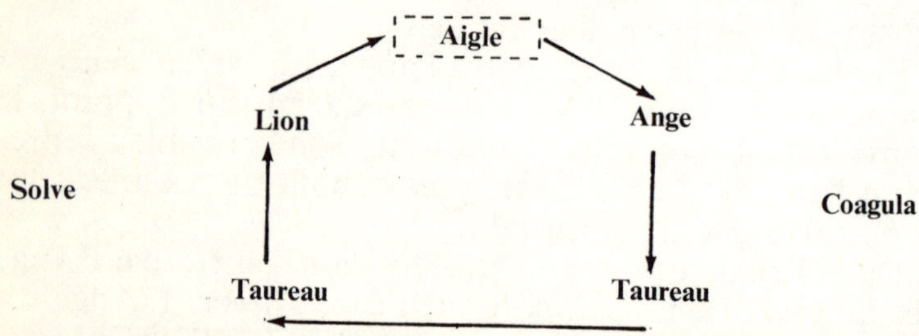

Arrivé à ce stade, l'initié vit dans le monde objectif dont il se pénètre tout entier et qu'il pénètre de sa personne.

Il a atteint l'unité, l'étincelle divine; il s'est uni à la lumière supérieure.

Il a mené à terme sa purification, en concluant ainsi le cycle de ses existences; il a accompli son dessein.

Ses sens sont devenus exclusivement spirituels et ils transcendent donc ce monde d'illusions.

SYMBOLISME

Cette carte symbolise le mouvement incessant, la pérennité, l'action qui n'a ni début, ni fin.

L'interaction des quatre forces de la Nature (terre, feu, eau, air) engendre le mouvement perpétuel de celle-ci. Au centre de ces forces se trouve l'esprit créateur, la loi divine par laquelle tout a été créé.

Toute la création repose sur le mouvement en spirale, qu'il s'agisse de la naissance des galaxies ou de la croissance des branches d'un arbre; la spirale est le symbole du mouvement créateur. Elle peut être positive ou négative, la réunion des deux aboutissant au juste équilibre.

spirale positive

spirale négative

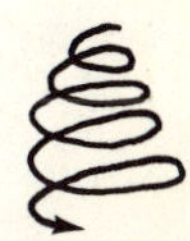

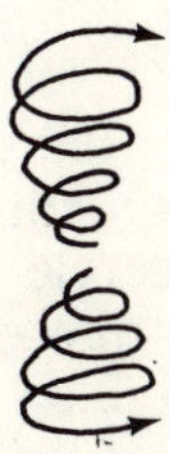

équilibre des deux forces

Le mouvement incessant se produit grâce à l'action des quatre forces de la Nature, qui sont également représentées par les symboles des quatre évangélistes:

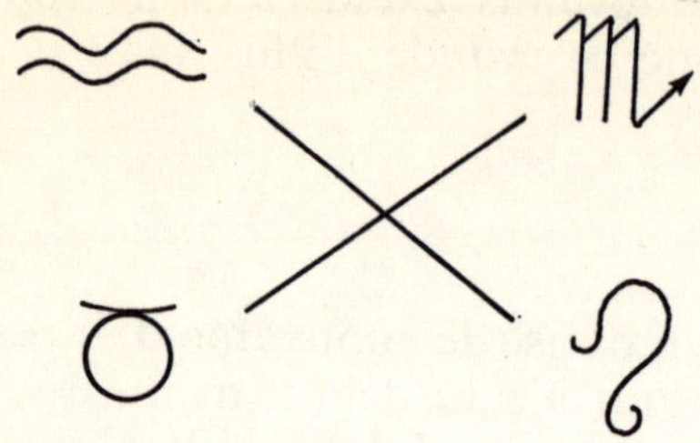

Le svastika, ou croix gammée, symbolise également le mouvement, le tourbillon, la pérennité de l'action:

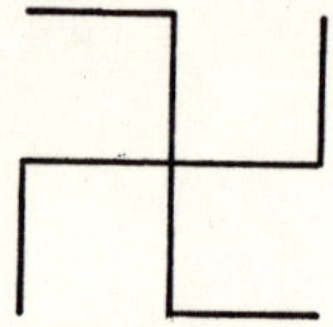

Le symbole du Monde se compose d'un carré (l'humanité) à l'intérieur d'un cercle (la création, le monde) surmonté d'une croix (les quatre forces de la nature).

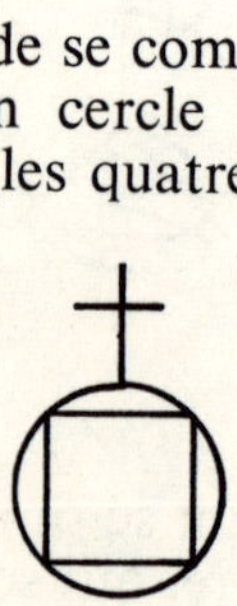

Symbole principal

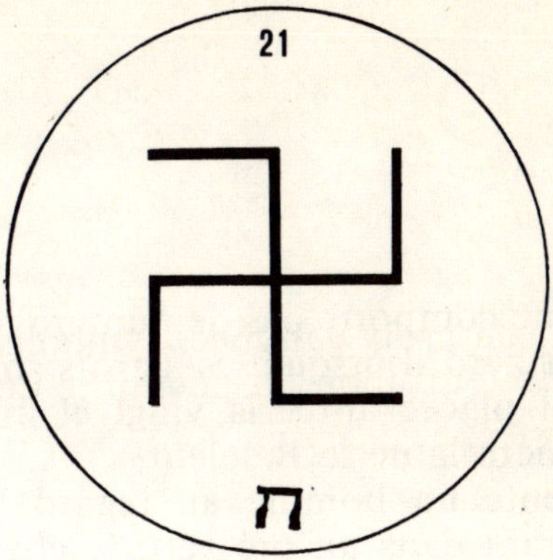

Autres symboles

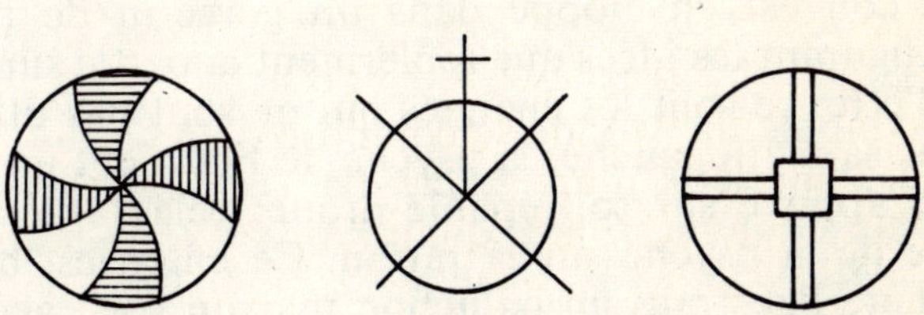

O – LE FOU

Cette lame ne comporte pas de numéro, on lui attribue donc la valeur zéro. Lorsque les Tarots sont disposés en cercle, elle est placée après la vingt et unième lame et avant la première lame le Bateleur.

Elle représente un homme au regard halluciné, aux traits durs, errant dans un pré vert: le chemin de l'âme.

Il porte sur la tête un turban voyant à rayures rouge foncé, vertes, jaunes et blanches; ces bandes de couleur sont orientées dans le sens contraire de celui des aiguilles d'une montre. Elles symbolisent le tourbillon des sentiments (le vert) contrariés par des idées malsaines (le jaune), l'action inconstante (le rouge), qui détruisent l'essence spirituelle (le blanc).

Son cou est enveloppé dans un gorgerin de mailles vertes figurant les idées que renferment la partie supérieure de l'être: ce sont les énergies qui ne sont pas utilisées.

Dans sa main gauche, la psyché, le Fou tient un bâton qui est appuyé sur son épaule droite; cela suggère l'influence de la psyché sur la raison. Ce bâton est bleu: il représente l'abstrait; un baluchon marron y est accroché (les biens terrestres) noué d'un ruban rouge (l'action matérielle). Cette besace contient toutes les richesses inutiles lui appartenant, mais auxquelles il tient.

Sa main droite prend appui sur un bâton rouge symbolisant l'action tournée vers les forces négatives: c'est pour cela qu'il est incliné vers l'arrière. Le Fou croit que ce bâton est un soutien, alors qu'en réalité c'est un poids qu'il traîne.

Il porte un habit bariolé dont les différentes couleurs expriment toutes les incohérences qui l'habitent. Ses épaules sont couvertes d'un volant jaune évoquant le matérialisme dont il est pénétré. Les manches, bleues, correspondent à sa spiritualité illogique. Ses chaussettes, jaunes, tombantes découvrent ses fesses ainsi que ses cuisses et mettent ainsi en évidence ses bas instincts.

Un lynx lui mord le mollet gauche, son inconscient; cela symbolise ses instincts bestiaux, ses erreurs, son manque de discernement, qui le poussent vers la folie.

Plus loin devant lui, aux aguets derrière un obélisque renversé, se trouve un crocodile affamé qui s'apprête à le dévorer. L'obélisque représente la genèse qui est à l'origine du monde coordonné (le JOD). Le crocodile, en revanche, évoque le chaos dévorant.

Entre les jambes du Fou, on distingue une tulipe rouge presque fanée; c'est la spiritualité potentielle caractérisant tout être et pouvant se développer à n'importe quel moment si elle est nourrie de la bonne énergie, la quintessence, symbolisée par les cinq feuilles.

Le Fou nous rappelle que l'homme vivant dans son monde d'illusions, s'attachant aux richesses matérielles et ne recherchant pas la spiritualité, gâche son existence. L'étincelle divine est pourtant présente en lui et n'attend que le moment propice pour l'aider à se transformer en Bateleur, la lame n° 1. C'est la signification que l'on attribue à la dixième lame lorsqu'elle est placée devant le Bateleur.

Quand, au contraire, cette lame du Fou est placée après la vingt et unième lame, elle symbolise le grave péché de présomption.

Le Fou nous engage à ne pas sortir du monde intelligible. Le Maître reste, malgré tout, un moyen Divin, mais rien de plus. Les secrets de la Création, les pensées de Dieu ne sont pas à la portée de l'esprit humain. Celui qui aspire à une vie plus spirituelle sombre dans la folie et disparaît dans le néant, symbolisé par le zéro.

SYMBOLISME

Cette lame figure le néant et le tout, le début et la fin. Elle est représentée par un cercle (symbole du zéro). Lorsque le cercle ne présente pas de point en son centre, il suggère le chaos en attente de l'ordre.

Le froid en attente de la chaleur créera le mouvement et l'action.

Le zéro symbolise également l'infini et l'immensité.

C'est un grave péché de présomption que de croire que l'on puisse connaître la pensée de Dieu. Notre esprit est aussi minuscule que le chas d'une aiguille, tandis que Dieu est immense, incommensurable; seule une infime partie de cette immensité peut être saisie par la pensée humaine; l'homme a le devoir de combler son tout petit espace spirituel par l'essence divine, mais, lorsqu'il y est parvenu, il ne doit pas croire qu'il possède la connaissance totale de Dieu. C'est pour cette raison que le symbole de cette lame correspond au zéro.

Symbole principal

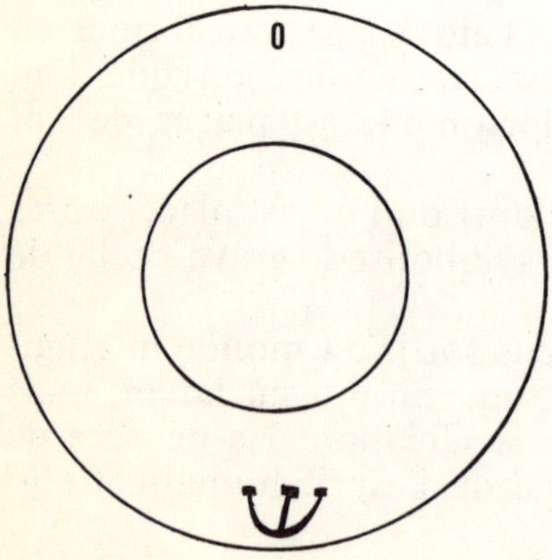

Autres symboles

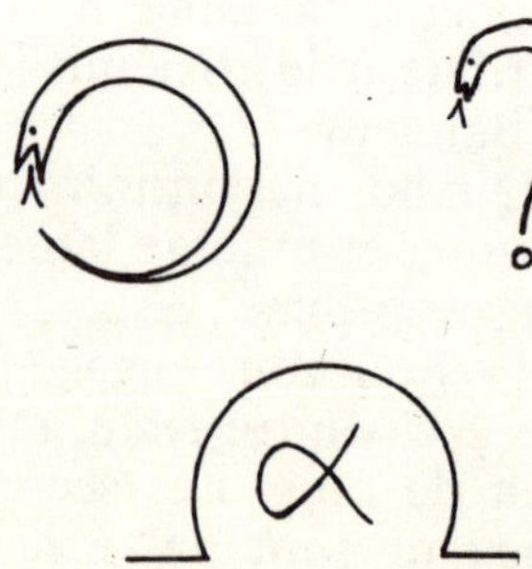

LES ARCANES ET LA MAGIE

I – **Le Bateleur**: le rituel.

II – **La Papesse**: l'inconscient collectif.

III – **L'Impératrice**: les forces de la nature.

IIII – **L'Empereur**: la volonté.

V – **Le Pape**: le sacerdoce.

VI – **L'Amoureux**: l'indifférence.

VII – **Le Chariot**: la table d'émeraude.

VIII – **La Justice**: le karma négatif.

VIIII – **L'Ermite**: la recherche intérieure.

X – **La Roue De Fortune**: la loi du karma.

XI – **La Force**: la transformation.

XII – **Le Pendu**: le sacrifice.

XIII – **La Mort**: la naissance.

XIIII – LA TEMPÉRANCE: le baptême.

XV – LE DIABLE: les forces négatives.

XVI – LA MAISON-DIEU: la matière.

XVII – L'ETOILE: les moments propices.

XVIII – LA LUNE: les hallucinations.

XVIIII – LE SOLEIL: la chaleur intérieure.

XX – LE JUGEMENT: les esprits célestes.

XXI – LE MONDE: le Grand Arcane.

O – LE FOU: l'avertissement.

LE RITUEL (LE BATELEUR)

En magie, le rituel revêt une grande importance. Il n'y a rien de ridicule ou d'étrange à accomplir certains gestes, à utiliser certains parfums, à prononcer certaines formules, toutes ces pratiques ayant un sens, lorsqu'elles reposent sur la connaissance.

Rien n'est dû au hasard: toute action, tout parfum, toute couleur, tout symbole, toute parole doivent être placés au bon endroit et au bon moment pour pouvoir réagir de la façon voulue à des niveaux plus élevés, qui transcendent le monde physique.

Le magicien, au début de son parcours, doit apprendre à maîtriser ce savoir et à l'utiliser à son avantage. Chaque action correspond à une pensée réalisée, voilà pourquoi il faut accomplir un certain rituel (qui, à première vue, peut sembler bizarre). C'est le seul moyen de nous assurer que notre pensée s'est transformée en action et que cette énergie s'est donc dirigée de ce fait, dans la direction que nous lui avons donnée. Le rituel ne s'improvise pas, il doit faire intervenir des formules spécifiques que le magicien est le seul à connaître, grâce au savoir qu'il détient.

Rien ne se produit au hasard lorsque l'on se lance sur le chemin de l'initiation. Un livre bien choisi, un nouvel ami, un rêve, une idée peuvent nous ouvrir la voie du savoir.

L'INCONSCIENT COLLECTIF (LA PAPESSE)

L'inconscient collectif renferme l'ensemble de toutes les personnes: chacun de nous est constitué d'une partie des autres. Lorsque l'on arrive à saisir l'inconscient collectif, on est au seuil de la magie. Celui qui est capable de voir et de lire dans cette sphère peut tout savoir des autres, à condition qu'il se place sur la bonne "fréquence".

Le magicien parvient à cette connaissance, grâce à une recherche patiente et approfondie. Son regard intérieur lui permet de prendre conscience de ce trésor qui, s'il est bien utilisé, peut lui servir à connaître les autres et à les aider.

Cela représente sans aucun doute un pouvoir, mais l'initié n'en abuse pas, parce qu'il sait que tout cela est bien peu de chose face à tout ce qu'il peut obtenir en poursuivant sa quête spirituelle.

LES FORCES DE LA NATURE (L'IMPERATRICE)

Avant de pouvoir dominer les forces de la nature, il faut commencer par apprendre à les connaître.

L'homme faible, le timoré, ne pourront jamais les asservir. Ces forces ne se laisseront subjuguer que par les personnes courageuses et audacieuses.

Il faut commencer par comprendre l'eau, le feu, l'air et la terre, en recherchant l'harmonie avec ces éléments.

C'est le seul moyen de pouvoir dominer leurs composantes spirituelles, à savoir: les Salamandres (le feu), les Ondines (l'eau), les Sylphides (l'air), les Gnomes (la terre). Lorsque l'on a conquis les forces de la nature, elles obéissent à nos ordres et leurs éléments spirituels accourent, heureux de pouvoir aider le magicien. Mais gare à celui qui veut les commander sans être en mesure de les contrôler: dans ce cas, c'est l'homme qui est dominé et il en périra.

LA VOLONTE (L'EMPEREUR)

L'action est fondée sur la volonté; c'est la pensée qui stimule l'initié dans sa recherche. L'oisiveté, l'apathie, la négligence limitent l'homme et gâchent sa vie. L'initié est toujours actif, toujours constructif; quand il n'agit pas, il pense, quand il ne travaille pas, il prie. Chaque moment de sa journée est consacré à la recherche, il ne se contente jamais de peu, il ne se croit jamais arrivé au but et persévère en permanence.

Il apprend à maîtriser son corps: son corps matériel est ainsi soumis à son corps spirituel. Il se soumet à des jeûnes, il élimine ses vices, contrôle ses sentiments: c'est une bataille acharnée à laquelle il ne se soustrait jamais, pas même un instant.

LE SACERDOCE (LE PAPE)

Avec le sacerdoce, l'initié est investi d'un pouvoir spirituel et chacune de ses actions se transforme en force active. Grâce au sacerdoce, l'initié peut capter et distribuer les énergies qu'il reçoit de la divinité. Il lie les autres hommes (s'ils le désirent) à un pouvoir supérieur. Il devient, pour ainsi dire, l'intermédiaire de l'être supérieur dont il a invoqué l'aide.

Le sacerdoce constitue un grand pouvoir et, en tant que tel, il ne peut donner de résultats que si le magicien a choisi de s'engager sur la voie du bien et de la spiritualité.

L'INDIFFERENCE (L'AMOUREUX)

Le véritable amour est certainement désintéressé: l'initié ne doit pas confondre l'amour et l'égoïsme qui apparaît chaque fois que l'on fait quelque chose pour obtenir autre chose en échange, qu'il s'agisse d'un bien matériel ou d'un bien spirituel. L'amour désintéressé, c'est l'amour pur, l'amour qui ne demande rien en échange. Grâce à cet amour, l'initié peut aider vraiment les autres, sans se laisser envahir par les sentiments de cupidité, d'égoïsme, et parfois aussi d'anxiété. Cet amour nous rend tous frères, tous fils du même père: l'union du monde entier se réalise et le dualisme est ainsi éliminé. L'initié n'éprouve même pas de satisfaction personnelle lorsqu'il parvient à aider son prochain ou à soigner un malade: il sait parfaitement qu'il n'est qu'un intermédiaire et que seule sa totale indifférence pourra le conduire vers la connaissance divine.

LA TABLE D'EMERAUDE (LE CHARIOT)

1. Il est vrai, sans mensonges, très véritable.
2. Ce qui est en bas est comme ce qui est en haut, et ce qui est en haut est comme ce qui est en bas, pour faire les miracles d'une seule chose.
3. Et comme toutes les choses ont été et sont venues d'Un, ainsi toutes les choses sont nées de cette chose unique par adaptation.
4. Le Soleil en est le Père, la Lune en est la Mère, le

Vent l'a portée dans son ventre, la Terre est sa nourrice.

5. Le Père de tout le Télesme est ici; sa force est entière, si elle est convertie en Terre.
6. Tu sépareras la Terre du Feu, le subtil de l'épais, doucement avec grande industrie.
7. Il monte de la Terre au Ciel et derechef il descend sur Terre et reçoit la force des choses supérieures et inférieures.
8. Tu auras par ce moyen toute la gloire du monde et toute obscurité s'éloignera de toi.
9. C'est la force forte de toute force, car elle vaincra toute chose subtile et pénétrera toute chose solide.
10. Ainsi l'univers a été créé.
11. De ceci seront et sortiront d'innombrables adaptations desquelles le moyen est ici.
12. C'est pourquoi j'ai été appelé Hermès Trismégiste, ayant les trois parties de la philosophie du monde. "Ce que j'ai dit de l'opération du Soleil est accompli et parachevé".

LE KARMA NEGATIF (LA JUSTICE)

A chacune de nos actions négatives correspond une autre action positive de même valeur, L'homme décide, grâce au libre arbitre, à quel destin il doit se soumettre. Il choisit la purification adéquate pour éliminer le mal fait. Cette action peut se produire dans la même vie ou être reportée à la prochaine. L'homme ne vit qu'une seule fois, mais ce que l'on entend ici par vie n'est autre qu'une sorte de journée: lorsque l'on meurt, on change juste de vêtement et, au réveil, (la nouvelle naissance) nous sommes toujours nous-mêmes. Chaque fois que nous faisons une mauvaise action, rappelons-nous que nous devrions la compenser par une autre action qui effacerait le mal fait.

Nous sommes responsables de nos maux, de nos mutilations, de nos malheurs, puisque nous les avons choisis, par le biais du Karma négatif.

N'accusons personne de nos malheurs, car nous les avons voulus.

LA RECHERCHE INTERIEURE (L'ERMITE)

Il nous faut chercher la vérité en nous-mêmes: le Maître ne nous enseigne rien; il nous indique simplement le chemin à suivre pour atteindre l'épanouissement. Changeons, et le monde changera. Il existe en nous une partie qui échappe totalement à notre conscience, et c'est la partie la plus importante, la plus vaste de notre être. Quand nous regardons en nous, nous découvrons un véritable enfer peuplé de monstres horribles qui nous habitent. Débarrassons-nous de nos peurs, de notre égoïsme, de notre prétendue perfection. Analysons-nous sans concession, essayons de nous connaître, demandons éventuellement à un Maître de nous y aider. On ne peut atteindre le but, si l'on traîne un fardeau aussi lourd. Il ne suffit pas de prier, de lire des ouvrages et de tout savoir (ou de le croire) sur la méditation, le yoga, l'Evangile. Ce qui importe, c'est notre comportement et notre recherche du bien et du spirituel.

Sous la fange, un magnifique diamant nous attend: cela vaut donc peut-être la peine de se salir les mains et de se mettre à fouiller.

LA LOI DU KARMA (LA ROUE DE FORTUNE)

L'homme choisit un corps physique, afin de pouvoir se purifier et retourner à l'endroit d'où il est issu. L'homme est un être spirituel et, en tant que tel, il appartient aux sphères supérieures. Il a commis le péché de présomption, mais il a la possibilité de retrouver le monde de la lumière. Au commencement il n'était qu'une substance éthérique, il est ensuite descendu dans le monde de la matière, mais c'est grâce à celle-ci qu'il peut maintenant réparer l'erreur commise. La loi du karma est parfaite et permet à l'homme de s'élever vers le lieu d'où il vient.

La connaître, c'est posséder le secret du Grand Arcane, autrement dit, c'est percer de la vie et pouvoir répondre aux trois questions du Sphinx:

– Qui sommes-nous? ...nous sommes Dieu.
– D'où venons-nous? ...de Dieu.
– Où allons-nous? ...vers Dieu.

LA TRANSFORMATION (LA FORCE)

Une fois que l'initié a compris le mystère de la vie, il doit effectuer sa transformation, se renouveler, changer son mode de vie, bien choisir ses amis, faire un travail compatible avec son choix.

Ce sera un autre homme, un autre être. Sa transformation lui a permis d'éliminer toutes les impuretés qui étaient en lui et son véritable "moi" commence à émerger.

Grâce à la force intérieure qu'il a acquise, l'initié peut ainsi poursuivre son chemin sans peine, en affrontant et en surmontant les différents obstacles avec sérénité.

LE SACRIFICE (LE PENDU)

Il faut se sacrifier pour les autres, mais ce sacrifice ne doit pas nous gratifier: il doit être pur et désintéressé. Se sacrifier pour un bien supérieur, cela signifie s'investir totalement pour aider les autres. Le martyre, s'il l'on y regarde bien, correspond à un suicide, mais dans ce cas-là, le suicide est admis. Il est toutefois plus juste d'utiliser les mots martyre ou sacrifice, plutôt que "suicide".

LA NAISSANCE (LA MORT)

La mort n'est pas synonyme d'anéantissement, mais de transformation, de changement, de mutation, de renaissance.

Quand nous venons au monde, nous quittons la vie intra-utérine. L'homme naît et meurt de façon continuelle. Le garçon d'autrefois est mort pour faire place à l'homme, l'homme est mort pour faire naître le sage, etc. En initiation ésotérique, la mort signifie simplement changement. Le novice meurt pour renaître initié. La mort est un passage sublime, une transformation vers un élément plus pur, plus éthérique, plus objectif, plus réel. Après avoir surmonté de dures épreuves, l'homme parvient à la connaissance de la vie aux niveaux astraux supérieurs, il en prend conscience: il meurt ainsi intérieurement, puis se réveille renouvelé, changé.

Mourir signifie naître et naître signifie mourir.

LE BAPTEME (LA TEMPERANCE)

Chaque être peut choisir son propre chemin spirituel, chaque être peut décider à quelle religion il souhaite adhérer. Mais laquelle de ces religions est la plus authentique? Toutes peut-être, bien que la plus authentique soit certainement la plus difficile.

Un grand homme a prêché l'amour et la paix avec simplicité, une religion qui semble facile à mettre en pratique à première vue, mais qui est loin de l'être. Le Christ est le dernier messie, chronologiquement, à être descendu sur la terre.

Sa parole est vérité, ses enseignements nous indiquent le chemin à suivre. Son baptême constitue le bon choix.

Lors du baptême, on scelle un pacte avec l'être supérieur, mais ce pacte doit être choisi par l'homme lorsqu'il a atteint la maturité et non pendant son enfance. C'est, en effet, une décision qui doit être prise de façon pondérée, après une longue réflexion. Choisissons le bon chemin et pratiquons la bonne religion, non pas en paroles, mais dans les faits, et recevons le baptême de la bonne source baptismale.

LES FORCES NEGATIVES (LE DIABLE)

Qui est le Diable? Le Diable est l'égoïsme, le luxe, la matière. Ce monde matériel lui appartient et notre corps est tissé de son essence. La matière est constituée de lumière tissée (toute la vie dépend du Soleil) et Lucifer (le porteur de lumière) en est le grand Maître. La nature nous attire, le monde matériel nous donne l'ivresse du plaisir de vivre et nous craignons la mort parce qu'elle nous retire tout pour nous emmener en un lieu qui n'est plus matériel. C'est pourtant le milieu d'où nous provenons. L'homme est un être spirituel et non matériel.

Le Diable est la matière et la matière nous est également utile, car sans elle, nous ne pourrions nous purifier. Le Diable est l'ombre de Dieu et, comme tel, il nous fait comprendre que la lumière existe. Les ténèbres servent à mettre la lumière en évidence, le Mal à exalter le Bien.

L'initié a recours aux forces matérielles et ne les méprise pas; si elles sont utilisées à bon escient et correctement, elles lui sont d'un grand secours. Ces forces sont alors subjuguées et purifiées. Le fou qui se voue à ces forces s'en fait dominer. Le sage, au contraire, les domine et peut ainsi les utiliser pour faire naître les forces du Bien.

LA MATIERE (LA MAISON-DIEU)

La matière est l'élément le plus grossier, c'est le revêtement de l'homme. L'homme est formé de plusieurs corps qui, progressivement, deviennent de plus en plus subtils, raréfiés, immatériels. Le corps physique est l'élément le plus bas, donc le moins important et celui que l'on peut assimiler le plus facilement à la terre elle-même. L'homme possède également, par ordre d'importance croissante: un corps éthérique, un corps astral, un corps animique inférieur, animique supérieur, un corps causal et, enfin, le Soi transcendant. Chaque corps est lié à celui qui suit et dépend de celui qui précède; ainsi, notre corps physique est rattaché à son homologue éthérique qui pourrait être comparé à l'eau, tandis que le corps astral correspondrait au gaz.

La matière peut être sublimée et purifier les autres corps; ce sont, en fait, les corps supérieurs qui doivent imposer leur contrôle aux corps inférieurs.

Notre corps matériel doit être soigné et honoré; la nourriture et le niveau de vie doivent être en harmonie avec le comportement de l'initié. Il ne faut toutefois pas tomber dans l'erreur consistant à diviniser son corps ou celui d'autrui (exaltation sexuelle), mais être, au contraire, toujours conscient qu'un corps matériel nous a été donné pour nous permettre de nous élever spirituellement.

LES MOMENTS PROPICES (L'ETOILE)

Les opérations magiques doivent être effectuées à certains moments bien précis, de façon à exploiter les influences astrales. Tout doit se dérouler dans une parfaite harmonie: l'observation des astres est donc d'une importance vitale pour le Magicien. Chaque jour de la semaine et chaque heure de la journée sont liés à une planète. Chaque planète possède des caractéristiques qui lui sont propres et, selon le résultat que l'on souhaite obtenir, il faudra agir à telle ou telle période.

Chaque pentacle, chaque talisman doit naître à un moment bien précis qui, dans certains cas, ne se répète qu'une fois par an; c'est le cas, par exemple, des solstices d'été ou d'hiver.

La Lune doit également être observée. Tout doit donc être réalisé aux époques propices pour que se produise l'effet attendu, sans quoi nous pourrions aller jusqu'à créer des énergies totalement différentes de celles que nous aurions souhaité faire naître.

On peut trouver dans des ouvrages spécialisés des tableaux indiquant les diverses "sympathies" planétaires. Le métal utilisé doit également correspondre à la bonne planète; ceci est également valable pour le parfum et les couleurs des tuniques.

LES HALLUCINATIONS (LA LUNE)

Quel piège que les hallucinations et les illusions! Les premières sont encore pires. L'initié doit distinguer la lumière de l'ombre, sinon il court le risque de se perdre dans les méandres de la magie noire, domaine dans lequel il n'étonnera que ses amis, se faisant passer pour un grand magicien.

L'utilisation des entités, des fantômes, des esprits de la nature fait faire des prodiges, mais le vrai Magicien sait que ces choses ne sont que des miettes insignifiantes et il sait aussi qu'agir sur l'esprit d'autrui de cette façon est facile, mais ne peut conduire qu'à la régression.

Ce n'est pas en pliant des clefs, en tirant les cartes et en lisant dans des livres fermés que l'on parvient à évoluer. L'amour des autres, la pure thaumaturgie sont les facultés que doit rechercher l'initié. Lorsque l'on s'arrête aux phénomènes ne pouvant impressionner que les naïfs, non seulement on gâche sa vie, mais on accomplit des actes néfastes bloquant l'évolution spirituelle.

On peut provoquer des hallucinations chez une personne ou chez cent, cela dépend juste du type d'énergie utilisée. Une chose est certaine: aucun Ange ne prêtera son soutien à un voyant charlatan.

LA CHALEUR INTERIEURE (LE SOLEIL)

L'initié, tôt ou tard, parvient à comprendre et à dominer les forces inférieures, comme nous l'avons vu au sujet des hallucinations, et une fois qu'il a saisi la véritable signification des choses, il progresse sur le bon chemin. En recherchant la Chaleur intérieure, le Magicien évacue de son inconscient tous les monstres qui vivaient en lui, toutes ses peurs, ses dualismes, son égoïsme, et il est maintenant très proche du but. Sa chaleur est due au feu brûlant doucement en lui, sans crépitement excessif: c'est un feu cohérent qui durera toujours et s'extériorisera, en réchauffant également son entourage. Lumière spirituelle, véritable lumière, découverte du discernement: voici ce qui constitue son feu intérieur. La chaleur qui en émane est dirigée vers la spiritualité, vers la justice, vers l'amour et donc vers la lumière du Soleil, et non vers la fausse lumière reflétée par la Lune qui ne peut créer que des visions chimériques et conduire à de mauvais objectifs.

LES ESPRITS CELESTES (LE JUGEMENT)

Quand l'initié a compris le véritable message de cette vie, quand il est parvenu à un degré de connaissance supérieur, qu'il vit sur un plan astral et en est conscient, il est pénétré par des forces supérieures qui s'épanouissent à travers lui. L'initié devient en quelque sorte un grand entonnoir qui recueille les énergies dispensées par les esprits supérieurs. La création est composée de myriades d'entités, dont beaucoup habitent les planètes et les étoiles. Chaque planète, chaque système solaire, chaque galaxie possède son entité céleste. Ces entités ont chacune une position hiérarchique et une attribution particulière, mais elles font toutes partie de l'unité appelée Dieu.

Les Anges, Archanges, Podestats, Vertus, Dominations, Trônes, Chérubins et Séraphins apportent différentes énergies qui parviennent à l'homme s'étant elevé spirituellement. Ce dernier se trouve alors en harmonie avec celles-ci, tel une éponge qui, plongée dans l'eau, absorbe autant de liquide que sa capacité le lui permet.

L'initié est conscient de cette réalité et, à partir de ce moment, il n'a plus besoin de s'appuyer sur la foi pour croire, parce qu'il est devenu un homme de Savoir.

LE GRAND ARCANE (LE MONDE)

Fin et début, genèse, mouvement, œil divin, souffle de Dieu; l'initié comprend maintenant tout cela, mais il reste humble, parce que c'est un homme de foi et de charité; il est également inflexible, à tel point que, parfois, il peut paraître dur et cynique. Il est bien difficile de juger en regardant du bas vers le haut! L'initié vit à un niveau supérieur, il connaît la cause et l'effet, maîtrise la voyance, autrement dit, il voit clairement et sait tout des autres, mais ne dit rien. Il est père et mère, vent et pluie, chaleur et froid.

Il peut déplacer des monts par sa seule volonté, il le sait, mais feint d'ignorer ce pouvoir. Le Grand Arcane correspond à la création, à la vie. Le mystère du Sphinx a été dévoilé, les divinités surmontées, le péché originel compris et purifié. Qui est celui qui se dit le maître du monde et possède si peu d'argent qu'il ne peut même pas manger à sa faim? Qui est celui qui guérit les autres et qui est rongé par la maladie? C'est l'HOMME DIEU, le favori, le FILS... l'HUMANITE.

L'AVERTISSEMENT (LE FOU)

Attention, la chair est faible! L'initié devra donc lui aussi faire preuve de beaucoup de volonté, sinon il se retrouvera au début du parcours en un instant et sera d'autant moins excusable qu'il possède le savoir.

Quand l'homme acquiert la connaissance, il se trouve dans l'obligation de poursuivre sa quête, ou, tout au moins, de ne pas revenir en arrière. L'initié qui se laisse entraîner dans le monde matériel n'a ni excuse, ni circonstance atténuante et va droit à sa perte. Cette lutte s'achèvera lorsque le corps physique aura disparu, mais, jusque-là, il faut combattre en permanence, jour après jour, sans s'accorder ni trêve, ni repos, les tentations sont nombreuses et guettent la moindre de nos faiblesses.

La présomption conduit à la folie et la fin d'un initié retombant au bas de son parcours est pire que celle du plus mauvais des êtres, parce que l'initié sait et de ce fait DOIT se comporter conformément à sa nouvelle existence.

Honneur et charge, tout et rien, toujours et jamais.

LES MANDALA

Le mot “Mandala” signifie cercle et centre en sanskrit et désigne une surface circulaire tracée sur le terrain ou sur le drap où se déroulent les rites et les célébrations.

Toutefois on appelle également Mandala les figures composées d’une série de formes concentriques (cercles, carrés, triangles), du moment qu’elles comportent les trois principales caractéristiques du Mandala, à savoir qu’elles aient un centre à partir duquel tout commence et se ramifie, qu’elles soient symétriques et qu’elles aient une orientation spatio-temporelle.

Le Mandala peut être défini comme un “psycho-cosmo-gramme”, c’est-à-dire comme une image géométrique de l’univers de la psyché. Ce n’est pas seulement un symbole, c’est le cosmos même; son centre est le centre du cosmos.

Dans les philosophies orientales, le Mandala est le véhicule de la méditation et il est indispensable lors des rituels visant à la libération de l’esprit, car c’est une représentation de la psyché dans l’univers cosmique.

L’homme d’autrefois représentait l’univers dans le Mandala et lui-même dans le Mandala de l’univers, conformément à la conception selon laquelle le Mandala est terre et homme.

La structure de base du Mandala est toujours le cercle, qui est l’un des plus anciens symboles de l’humanité; il existe d’ailleurs de nombreux exemples qui mettent en évidence l'importance de la forme circulaire: les pupilles de nos yeux, la terre sur laquelle nous vivons, le Soleil, les planètes, leurs orbites, les saisons qui forment un grand cercle au cours de l'année, la vie de l'homme (naissance-mort-naissance).

Le Zodiaque est un Mandala dont les symboles et les dimensions sont liés au Karma; dans le Zodiaque, on évoque l'image divine du dieu intérieur reflétée dans un microcosme minuscule et grandiose à la fois et correspondant au tracé du thème astral de l'individu. Ce Mandala devient un rite personnel pénétré de signification religieuse, dans lequel on cherche à concilier les contraires.

Les astres, les galaxies et tous les univers se déplacent en décrivant des cercles (Mandala); toute planète délimite un espace bien précis dans son mouvement, au sein duquel se trouve toujours un centre, par exemple le Soleil dans le cas du système solaire. Une circonférence symbolise l'infini, l'univers, le vide spatial, le zéro; dans les Tarots, ce concept est incarné par le Fou, en alchimie, par l'alun; le serpent qui se mord la queue représente le chaos, la substance primordiale. Lorsqu'un cercle est dessiné par terre, il indique le monde défini par le signe tracé.

En revanche, le cercle qui comporte un point ou un autre cercle plus petit en son centre symbolise la création: le point central constitue la lumière créatrice, il indique Helios, le Soleil, la lumière,la création. Dans certains cas, le rayon du cercle correspond à la distance séparant le nombril de la personne qui trace le cercle du sol; sinon, en règle générale, son diamètre est de trois ou quatre mètres.

Un cercle entourant une croix représente le quaternaire de l'univers; la croix anime la substance, condense la vie, évoque l'union de l'actif et du passif, des quatre forces de la nature.

Le cercle magique est utilisé lors des exorcismes et des purifications; dans ce cas, l'espace délimité par le cercle (dans lequel aucune force ne peut pénétrer) représente l'expansion du soi, de notre essence, au sein de laquelle une autre force peut être annulée.

CONSTRUCTION D'UN MANDALA

Les cercles offrent une protection absolue lors des cérémonies magiques; aucune puissance occulte ne peut franchir le tracé du cercle magique. Une ou plusieurs personnes peuvent se trouver dans le cercle, mais une seule d'entre elles peut parler; les autres doivent rester silencieuses.

Pour construire un Mandala, il faut suivre des règles très précises et respecter les lieux et périodes de préparation. Avant toute chose, l'initié doit se purifier en jeûnant; le jeûne sert en outre à stimuler et à aiguiser les sens.

On passe ensuite à la construction proprement dite du Mandala. Chaque Mandala est différent et représente les forces physiques de l'homme dans une situation donnée.

Le lieu, le jour, l'heure, les planètes, les esprits que l'on veut invoquer ou conjurer sont des éléments très importants. On compose, en général, trois cercles, on inscrit à l'intérieur le nom magique de l'heure, des anges, des esprits qui règnent à cette heure, ainsi que les symboles et les noms divins correspondant au rite à accomplir. On peut également placer à l'intérieur le brasero pour les fumigations.

Lorsque le Mandala représente le corps de l'homme lui-même, l'air, l'eau, la terre et le feu peuvent être identifiés respectivement à la respiration, au sang, aux os, à la chaleur. Une fois que le Mandala est construit, l'homme doit méditer sur celui-ci. Le cercle est tracé avec de la craie, du charbon ou de la farine; certaines fois, il peut aussi être tracé idéalement avec un jonc ou avec de l'eau bénite, ou encore avec du sel, avec la baguette magique, ou simplement dessiné dans l'air. Dans d'autres cas, on le construit de façon permanente à l'aide de pierres; ces pierres ne devraient jamais être utilisées à d'autres fins. Durant le rite, le mouvement des personnes doit également représenter et décrire le Mandala. Ce mouvement, dit "chemin rituel" est également appelé circumambulation. On l'effectue parfois dans le sens des aiguilles d'une montre et parfois dans le sens inverse. Dans le premier cas, c'est la partie droite du corps qui est tournée en permanence vers le centre du Mandala; le premier pas est également important: lorsque l'on utilise la circumambulation de gauche à droite, c'est le pied gauche qui avance le premier. Le pied entamant le chemin rituel se trouve à l'opposé du côté qui est tourné vers le centre du Mandala.

RAPPORTS ET COMPARAISONS

LES ARCANES ET LES MANDALA

Les Mandala sont parfois représentés sur certaines lames des Arcanes majeurs, en particulier: le X, la Roue de Fortune, le XVIIII, le Soleil, le XXI, le Monde.

La principale différence entre les trois Mandala réside dans la position des personnages centraux par rapport au symbole, c'est-à-dire dans l'activation croissante du cercle magique lui-même. Un cercle qui ne contient pas d'entité active symbolise le chaos. Sur l'Arcane X, on remarque que les personnages sont placés à l'extérieur du cercle et que ce sont eux qui créent le mouvement. Sur l'Arcane XVIIII, le Soleil, on constate, en revanche, que le pied gauche du garçon et le pied droit de la fille se trouvent à l'intérieur du cercle du Mandala, tandis que leur autre pied repose sur la plate-bande verte. Ces deux personnages représentent l'être androgyne, l'union des deux polarités qui ont activé leur être spirituel, mais leur comportement est statique, immobile; l'activité se produit maintenant de l'intérieur vers l'extérieur.

L'Arcane XXI, le Monde, représente le dernier Mandala: une couronne de laurier dans laquelle un personnage féminin se déplace d'un pas vif. Cela caractérise la pleine activité de l'être qui est maintenant capable de créer en permanence, tout à fait conscient de ses forces vitales qui constituent le centre actif du Mandala (la femme).

Ainsi, sur les trois lames qui représentent un cercle magique, nous avons une évolution progressive du Mandala. Commençant par la construction ou prise de conscience (la Roue de Fortune), elle est suivie par la recherche intérieure et la projection vers l'extérieur de l'activité créatrice (le Soleil) pour se terminer par l'activité totale et incessante (le Monde), caractérisée par l'utilisation des forces de la nature que symbolisent les quatre animaux sacrés des évangélistes:

Taureau = Terre	Lion = Feu
Aigle = Air	Ange = Eau

LES ARCANES ET LA MEDITATION

Chaque lame des Tarots constitue un ensemble de symboles qui, s'ils devaient être expliqués en détail, nécessiteraient de nombreuses pages d'écriture.

Ces lames nous indiquent le chemin de l'évolution spirituelle, les étapes et les épreuves que le novice doit surmonter pour réaliser son but, accomplir le Grand Œuvre. C'est pour cette raison que les Arcanes peuvent être utilisés pour la méditation. Méditer signifie penser, autrement dit choisir une pensée, une idée, une phrase, et la développer, creuser dans son inconscient pour arriver à l'interpréter le plus exactement possible, percevoir des sensations et des suggestions qui nous parviennent des profondeurs de notre être.

Toutefois la méditation ne se limite pas à la réflexion, elle consiste aussi à mettre en pratique dans sa vie de tous les jours les conseils découlant de cette réflexion.

La méditation, et donc la recherche intérieure, aide l'homme à changer, et ce n'est qu'en changeant, en prenant pleinement conscience de sa véritable personnalité, en éliminant la subjectivité et l'égoïsme qu'il réussit à évoluer et à devenir *homme*.

Pour méditer, il faut s'isoler dans un endroit approprié, à la lumière d'une bougie, et penser pendant au moins soixante minutes au concept relatif à chaque ternaire.

Les Arcanes seront divisés selon les trois chemins déjà vus: esprit, âme et corps. La méditation s'effectuera en étudiant successivement les ensembles de trois lames correspondant aux différents stades de l'esprit, de l'âme et du corps, selon la séquence suivante:

Esprit	I	II	III	IIII	V	VI	VII	0
Ame	VIII	VIIII	X	XI	XII	XIII	XIIII	
Corps	XV	XVI	XVII	XVIII	XVIIII	XX	XXI	
Ternaire	1	2	3	4	5	6	7	

Les sept ternaires correspondent aussi aux sept chakras (roue ou cercle): plexus pelvique, hypogastrique, solaire, cardiaque, laryngé, frontal et mental.

Dans les théories orientales, les points chakras sont des centres d'énergie vitale, des forces qui peuvent être vues comme des roues ou des tourbillons et qui, en médecine, correspondent à autant de ganglions nerveux et de glandes endocrines.

Chaque chakra est caractérisé par une couleur du spectre solaire qui doit être visualisée pour chacun des ternaires lors de la méditation:

Ternaire	*Couleur*
1	Rouge
2	Orange

Ternaire	*Couleur*
3	Jaune
4	Vert
5	Bleu
6	Indigo
7	Violet

Concepts liés aux lames des ternaires:

I – Le Bateleur: "Etre disposé à commencer". Début.

II – La Papesse: "La vérité est en nous". Recherche.

III – L'Impératrice: "Qu'est-ce que le spirituel?". Réflexion.

IIII – L'Empereur: "L'action". Mouvement.

V – Le Pape: "L'homme spirituel". L'étincelle divine.

VI – L'Amoureux: "Indifférence". Amour pur.

VII – Le Chariot: "Le chemin". Le but.

VIII – La Justice: "Libre arbitre". Action, réaction.

VIIII – L'Ermite: "La recherche intérieure". Regard intérieur.

X – La Roue de Fortune: "La chaleur intérieure". Recherche intensive.

XI – La Force: "La volonté". Entraînement.

XII – Le Pendu: "Altruisme". Preuve du sacrifice.

XIII – La Mort: "Renouvellement". Renaissance.

XIIII – La Tempérance: "Persévérer". Poursuite de la recherche.

XV – Le Diable: “Les vices”. Eliminés, ils deviennent des vertus.

XVI – La Maison-Dieu: “Maîtrise psychophysique de soi-même”. Spiritualiser l’âme.

XVII – L’Etoile: “Les moments favorables”. Chaque chose au bon moment.

XVIII – La Lune: “L’imagination”. Stimulation de la raison.

XVIIII – Le Soleil: “La raison”. Eliminons les dualismes.

XX – Le Jugement: “L’expérience”. Dirigeons-nous vers le but.

XXI – Le Monde: “Réalisation”. L’arrivée, l’étape.

O – Le Fou: “On n’arrive pas à la véritable lumière”. Mais on s’en approche.

LA SPIRALE DE L’EVOLUTION A LA LUMIERE DES TAROTS

L’évolution humaine se produit le long d’une spirale parcourue du bas vers le haut, ce qui constitue une phase évolutive; celle-ci est suivie par une phase régressive, ces deux phases se répètent périodiquement à des fréquences déterminées.

La spirale évolutive et régressive parcourt les vingt-deux Tarots dans l’ordre suivant: pendant la phase évolutive (ascension de la spirale), on traverse les Tarots du un au neuf et pendant la phase régressive (descente de la spirale) les Tarots du dix au vingt-deux.

La durée du parcours est plus longue du un au neuf que du dix au vingt-deux, car la maturation initiatique, dans sa phase évolutive, passe par de nombreuses incarnations et nécessite plus de temps et de travail.

Correspondance entre la spirale des Tarots et la vie humaine:

Age	*Tarot*
0-10	le Bateleur (le novice)
10-20	la Papesse
20-30	l'Impératrice
30-40	l'Empereur (l'initié)
40-50	le Pape (l'initiateur)
50-60	l'Amoureux (le choix)
60-70	le Chariot (de la victoire)
70-80	la Justice
80-90	l'Ermite

Application des tarots à la spirale évolutive de l'humanité des années 1000 à 2000:

Années	*Tarot*
1000-1100	le Bateleur
1100-1200	la Papesse (période des sciences occultes)
1200-1300	l'Impératrice (sciences profanes)
1300-1400	l'Empereur (période des initiés)
1400-1500	le Pape (période des enseignements initiatiques)
1500-1600	l'Amoureux (période du choix entre le démon et Dieu)
1600-1700	le Chariot (période de la victoire)

Années	*Tarot*
1700-1800	la Justice (période de la justice)
1800-1900	l'Ermite (période de la recherche)

Pour atteindre l'an 2000, il manque cent ans qui représentent la phase régressive de la spirale. Si l'on divise ces cent ans par les treize Tarots restants (cette période est plus intense en épreuves initiatiques), on obtient:

Années	*Tarot*
1900 -1907,7	la Roue de Fortune
1907,7-1915,4	la Force
1915,4-1923,1	le Pendu (Première Guerre mondiale)
1923,1-1930,8	la Mort (renaissance)
1930,8-1938,5	la Tempérance (période de travail)
1938,5-1946,2	le Diable (Seconde Guerre mondiale)
1946,2-1953,9	la Maison-Dieu (la destruction de l'après-guerre, la dure reconstruction)
1953,9-1961,6	l'Etoile (naissance de la télévision, bien-être économique, satellites)
1961,6-1969,3	la Lune (débarquement sur la lune le 20/07/1969)
1969,3-1977	le Soleil (boom économique, 1978: dernière année prospère)
1977 -1984,7	le Jugement

Années	*Tarot*
1984,7-1992,4	le Fou (Troisième Guerre mondiale)
1992,4-2001	le Monde (Adam Céleste)

LA SOMME THEOSOPHIQUE

Les chiffres des opérations occultes s'additionnent et se réduisent de manière que leur total soit compris entre les chiffres un et neuf, à partir desquels sont composés tous les autres nombres.

Ainsi, chaque chiffre d'un nombre complexe est additionné aux autres, jusqu'à ce que l'on obtienne un chiffre simple compris entre un et neuf. Exemple:
1945 = 1 + 9 + 4 + 5 = 19 = 1 + 9 = 10 = 1 + 0 = 1.

La valeur théosophique des vingt-deux nombres des Arcanes majeurs se calcule en effectuant la somme théosophique de deux chiffres successifs.

Chiffre:	(1)	2	3	(4)	5	6	(7)	8	9	(10)	11	12
Somme théosophique:	1	3	6	10	15	21	28	36	45	55	66	78
Réduction:	1	3	6	1	6	3	1	9	9	1	3	6

Chiffre:	(13)	14	15	(16)	17	18	(19)	20	21	(22)
Somme théosophique:	91	105	120	136	153	171	190	210	231	253
Réduction:	1	6	3	1	9	9	1	3	6	1

LES SYMBOLES NUMERIQUES EN ESOTERISME

Un – 1 – unité – la lettre Aleph א – A – *le Bateleur.*

Ce chiffre symbolise l'unité, le principe, la synthèse des chiffres, le moi, l'air, l'idée de Dieu, le novice, l'action solaire, l'être, les préparations. Le "je suis". Le un représente la stérilité parce que 1 × 1 = 1. 1 puissance 1 = 1 Le chiffre un contient le principe et le conçoit en lui-même.

Deux – 2 – binaire – la lettre Beth ב – B – *la Papesse.*

C'est le nombre du mariage entre la femme et l'homme. Il symbolise l'intelligence, les colonnes du temple Jakin et Boaz, l'eau, Eve sortant de la côte d'Adam.
Le deux contient le principe, mais il ne le conçoit pas en lui-même. Le deux est négatif, parce qu'il divise la décade:
10 : 2 = 5, ce qui correspond à la matière et à l'équilibre magique.
Somme théosophique: 1 + 2 = 3; réduction: 3.

Trois – 3 – ternaire – la lettre Ghimel ג – *l'Impératrice.*

Ce nombre symbolise la création, l'amour suprême, le verbe, le triangle de Salomon, la réalisation, l'action, la terre, la perfection, la sagesse, le corps.
Le trois ne contient pas le principe et ne le conçoit pas en lui-même. Le trois représente le principe spirituel présent dans tous les corps.
Somme théosophique: 3 + 3 = 6; réduction: 6.

Quatre – 4 – quaternaire – la lettre Daleth ד – D – *l'Empereur.*

Ce nombre symbolise le ternaire qui s'unit à l'unité pour former le quatre. Il représente: les quatre opérations, la croix, les forces de la nature, les quatre principes vitaux, les quatre Evangélistes, le feu, la force, l'âme, la Lune, la manifestation, les quatre saisons, les quatre éléments. 2 + 2 = 4, la Loi. Le quatre vaut également dix, l'homme, car 1 + 2 + 3 + 4 = 10 = 1, le principe animateur. Le quaternaire est l'unité qui féconde le ternaire:

3 + 1 = 4

Somme théosophique: 6 + 4 = 10; réduction: 1.

Les quatre opérations:

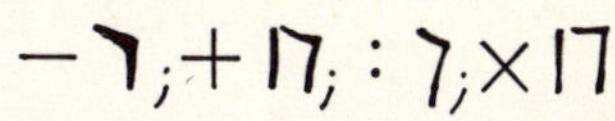

Cinq – 5 – quinaire – la lettre Hé ה – E – *le Pape.*

Ce nombre symbolise la foi, la religion, l'homme, le pentagramme flamboyant et, renversé, la bête, la quintessence, la pierre philosophale, la connaissance, le pont ciel-terre. C'est un chiffre sans valeur, sauf quand on l'ajoute au 4: 5 + 4 = 9, la lumière astrale. Le cinq est négatif, parce qu'il divise la décade: 10 : 5 = 2.
3 + 2 = 5, la Science.

Somme théosophique: 10 + 5 = 15; réduction: 6.

Six – 6 – sénaire – la lettre Vau ו – V – *l'Amoureux.*

Il symbolise les épreuves, le bien et le mal, le microcosme et le macrocosme, l'équilibre magique, les six jours de la création, la volonté. Le 6 représente l'activité du 5; 5 + 1 = 6. Le 6 représente le cercle, parce que la surface d'un cercle est formée de six triangles équilatéraux, soit le produit de deux triangles. 3 + 3 = 6, le Progrès.

Somme théosophique: 15 + 6 = 21; réduction: 3.

Sept – 7 – septenaire – la lettre Zaïn ז – Z – *le Chariot.*

Ce nombre symbolise l'épée flamboyante, le chiffre sacré, la vérité, l'esprit assisté par les forces de la nature, la victoire, la clef de la création; les sept planètes, les sept couleurs, les sept nuits, les sept esprits, les sept jours de la création, les sept jours de la semaine, les sept péchés capitaux (avarice, colère, envie, gourmandise, luxure, orgueil, paresse), les sept étapes de l'initiation chrétienne, les sept sacrements.
$7 = 4 \times 4 = 16 = 1 + 6 = 7$
$3 + 4 = 7$ (3 le corps + 4 l'âme = 7 l'esprit)
$7 \times 4 = 28$, les jours lunaires (4 les quatre phases).
Somme théosophique: $21 + 7 = 28$; réduction: 1 (le 7 dérive du divin).

Huit – 8 – double quaternaire – la lettre Heth ח – H – *la Justice.*

Ce nombre symbolise la réalisation, la justice, l'Antéchrist, la loi organique, le chemin de perfection, l'action, la résurrection du Christ, l'infini. Il ouvre la voie à l'initiation du 9. $4 + 4 = 8$, la Fatalité et le double quaternaire.
Somme théosophique: $28 + 8 = 36$; réduction: 9.

Neuf – 9 – la lettre Teth ט – TH – *l'Ermite.*

Ce nombre symbolise l'initiation, la raison, les prophètes, le corps astral, la connaissance, l'intelligence pure, les neuf chœurs des anges (Séraphins, Chérubins, Trônes, Dominations, Vertus, Puissances, Principautés, Archanges, Anges), les neuf muses (Clio, Euterpe, Thalie, Melpomène, Terpsichore, Erato, Polymnie, Uranie, Calliope).
Lorsqu'on le multiplie, la réduction du produit obtenu donne toujours 9: $9 \times 2 = 18 = 9$, etc.
$3 + 3 + 3 = 9$, le triple ternaire, la connaissance. Trois élevé à la puissance trois donne 9.
Somme théosophique: $36 + 9 = 45$; réduction: 9.

Dix – la lettre Jod י – J – *la Roue de Fortune.*

Ce nombre représente la *Kabbale*, les Sephiroth, le divin, la science hermétique, le nombre absolu, les dix Commandements.

Somme théosophique: 45 + 10 = 55; réduction: 1.

Onze – 11 – la lettre Caph כ – K – *la Force.*

Ce nombre représente la chaîne magique, la force, le grand agent magique, la lutte, le martyre, l'action.

5 + 6 = 11

9 + 2 = 11

Somme théosophique: 55 + 11 = 66; réduction: 3.

Douze – 12 – la lettre Lamed ל – L – *le Pendu.*

Ce nombre symbolise le Grand Œuvre, la création de l'homme céleste, l'objectivité, le corps animique, les douze apôtres, les douze signes du Zodiaque, les douze mois de l'année, les douze tribus d'Israël, les douze travaux d'Hercule. Douze est le nombre des cycles.

Somme théosophique: 66 + 12 = 78; réduction: 6.

Treize – 13 – la lettre Mem מ – M – *la Mort.*

Ce nombre représente la nécromancie, la renaissance, la mort, le principe rénovateur, la transformation.

Somme théosophique: 78 + 13 = 91; réduction: 1.

Quatorze – 14 – La lettre Nun נ – N – *la Tempérance.*

Ce nombre symbolise les transmutations, la fusion, le passage.

Somme théosophique: 91 + 14 = 105; réduction: 6.

Quinze – 15 – la lettre Sameck ס – S – *le Diable.*

Ce nombre désigne la magie noire, le mal, les évocations, l'antagonisme, le monde matériel, l'égoïsme.
Somme théosophique: 105 + 15 = 120; réduction: 3.

Seize – 16 – la lettre Aïn ע – O – *la Maison-Dieu.*

Ce nombre représente les maléfices, le temple, la révolte, le péché originel.
Somme théosophique 120 + 16 = 136; réduction: 1.

Dix-sept – 17– la lettre Pe פ – P – *l'Etoile.*

Ce nombre symbolise l'astrologie, les étoiles, la lumière astrale, l'amour, l'intelligence, l'idéal, la beauté.
Somme théosophique: 136 + 17 = 153; réduction: 9.

Dix-huit – 18 – la lettre Tsadè צ – TS – *la Lune.*

Ce nombre représente l'occultisme, les mystères, le dogme, l'ésotérisme, les sens, le monde, la subjectivité, la distribution et la hiérarchie de la lumière, le monde de Mâyâ.
Somme théosophique: 153 + 18 = 171; réduction: 9.

Dix-neuf – 19 – la lettre Coph ק – Q – *le Soleil.*

Ce nombre désigne la pierre philosophale, la vérité, la véritable lumière, l'or philosophal, l'amour universel, l'alliance, la paix.
Somme théosophique: 171 + 19 = 190; réduction: 1.

Vingt – 20 – la lettre Resch ר – R – *le Jugement.*

Ce nombre symbolise la médecine universelle, la résurrection.
Somme théosophique: 190 + 20 = 210; réduction: 3.

Vingt et un – 21 – la lettre Schin ש – SCH – *le Monde.*

Ce nombre symbolise le tout, le triomphe, la divination. La triple action du septenaire: 7 × 3 = 21 = 3, le retour à la trinité.

Somme théosophique: 210 + 21 = 231; réduction: 6.

Vingt-deux – 22 – la lettre Thau ת – T – *le Fou.*

Ce nombre représente la synthèse et la clef de tous les mystères. Il évoque toute la science.

Somme théosophique: 231 + 22 = 253; réduction: 1.

LES CHIFFRES ROMAINS

Les vingt-deux Arcanes majeurs sont numérotés avec des chiffres romains, et ce n'est pas un hasard.

Leur numération se fait en rajoutant un chiffre à chaque fois et non en soustrayant un chiffre. Si l'on prend, par exemple, l'Arcane IIII, l'Empereur, elle n'est pas désignée par 5 – 1, c'est-à-dire IV, mais par 3 + 1, c'est-à-dire IIII; on peut dire la même chose pour l'Ermite, le VIIII, la Tempérance, le XIIII, le Soleil, le XVIIII.

Chaque Arcane constitue la synthèse des expériences de la carte précédente, c'est pour cela que les chiffres doivent toujours être ajoutés et jamais soustraits.

En outre, les chiffres romains présentent une ressemblance frappante avec les différents symboles ésotériques, propriété que l'on ne retrouve pas avec les chiffres arabes.

- Le un s'écrit avec un bâtonnet qui représente le Jod, l'as de bâton, le début, I.
- Le deux représente les deux colonnes du Temple Jakin et Boaz, II.
- Le trois représente le triangle décomposé, III, la trinité.

- Le quatre représente le carré décomposé, c'est-à-dire le règne de Malkouth, IIII.
- Le cinq symbolise le microcosme, c'est-à-dire un triangle dont le sommet est tourné vers le bas, V.
- Le six correspond à l'union de 3 + 3, c'est-à-dire III + III, l'hexagramme décomposé.

Il en va de même pour toutes les autres lames. Il est impossible d'établir une comparaison de ce type avec les chiffres arabes, ce qui démontre, une fois de plus, que rien n'a été conçu au hasard dans les lames du Tarot.

LA KABBALE

Dieu imprègne et englobe tout l'univers ou tous les univers. Dieu étant infini, l'esprit humain ne peut absolument pas saisir son immensité et s'en pénétrer. Ce serait d'ailleurs un acte de présomption que de croire connaître Dieu. Le Dieu universel est trop grand pour l'homme. Son cerveau ne peut contenir qu'une infime étincelle divine, par définition, nous ne pouvons donc pas comprendre Dieu.

Pour justifier son existence et nous révéler une partie de la vérité, la Divinité se manifeste sous la forme de dix intelligences, appelées Sephiroth, émanant d'elle tels les rayons de lumière d'une même lampe. La première Sephirah était caractérisée pas son désir de se dévoiler, et contenait en elle les neuf autres Sephiroth qui émanèrent à leur tour l'une de l'autre: la seconde de la première, la troisième de la seconde, et ainsi de suite.

Voici la liste des dix Sephiroth:

Nom	*Signification*
1. Kether	Couronne
2. Hokmah	Sagesse
3. Binah	Intelligence
4. Hesed	Miséricorde
5. Gueburah	Rigueur
6. Thiphereth	Beauté
7. Netsah	Victoire

Nom	Signification
8. Hod	Gloire
9. Yesod	Fondement
10 Malkouth	Royaume

La Couronne (1) représente le monde des archétypes, autrement dit l'élément à partir duquel tout à été engendré. Les Sephiroth 2 et 3, la Sagesse et l'Intelligence, symbolisent la création. Les Sephiroth 4-5-6-7-8 et 9 représentent la formation. La Sephirah 10 correspond, elle, à l'action finale, c'est-à-dire à notre monde matériel.

Si, en revanche, on analyse les figures qui constituent l'Arbre de Vie, le premier triangle 1-2-3 représente l'esprit, le second triangle 4-5-6 symbolise l'âme et le troisième triangle 7-8-9 le corps.

Sur l'axe central, entre la n°1, la Couronne, et la n° 6, la Beauté, se trouvent deux Sephiroth qui transcendent les autres: ce sont la Sephirah n° 11, le Savoir, et la n° 12, la Justice. Nous avons ainsi 12 Sephiroth qui appartiennent à l'infini dit En-Soph, lequel englobe toutes les Sephiroth, car il constitue à la fois la totalité et le néant.

Sur l'Arbre de Vie, les dix Sephiroth sont reliées par vingt-deux canaux, désignés par les vingt-deux lettres de l'alphabet hébraïque. Ceux-ci correspondent aux vingt-deux Arcanes majeurs du Tarot.

Les vingt-deux canaux et les dix Sephiroth forment les trente-deux Voies par lesquelles le savoir divin descend, par étapes successives, sur l'homme. Ils permettent à l'homme de s'élever jusqu'à la Source du Savoir en remontant les vingt-deux canaux (l'évolution).

L'évolution commence dans le royaume de Malkouth, qui équivaut aux pieds de l'Adam Céleste. Le nom divin correspondant est Adonaï (nom divin et humain).

L'homme doit chercher la vérité en lui, avec son intellect, sa morale, son physique; il doit agir sur son corps, son âme, son esprit.

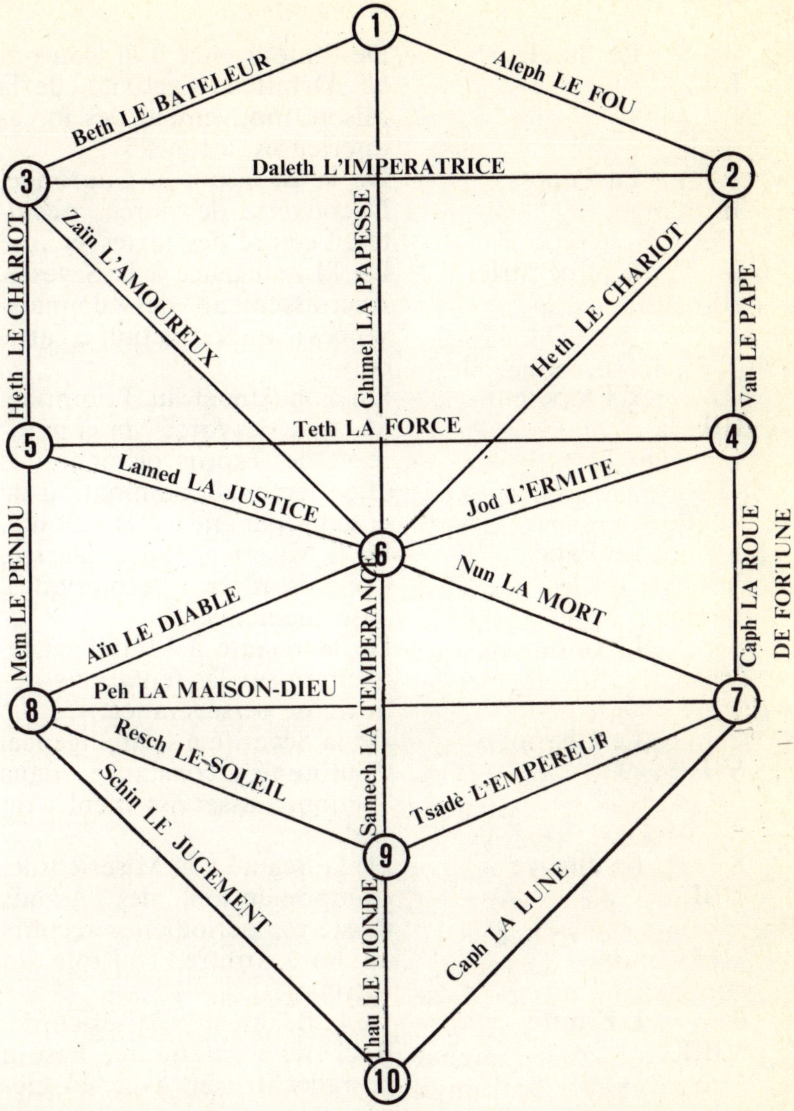

1
2
3
4
5
6
7
8
9
10
Beth LE BATELEUR
Aleph LE FOU
Daleth L'IMPERATRICE
Heth LE CHARIOT
Zaïn L'AMOUREUX
Ghimel LA PAPESSE
Heth LE CHARIOT
Vau LE PAPE
Teth LA FORCE
Lamed LA JUSTICE
Jod L'ERMITE
Mem LE PENDU
Caph LA ROUE DE FORTUNE
Nun LA MORT
Aïn LE DIABLE
Samech LA TEMPERANCE
Peh LA MAISON-DIEU
Resch LE-SOLEIL
Tsadè L'EMPEREUR
Schin LE JUGEMENT
Thau LE MONDE
Caph LA LUNE

LES 22 CANAUX

1	I	Le Bateleur	– De l'Intelligence à la Couronne. Début de l'activité, de la raison, mouvement des forces intérieures, astuce.
2	II	La Papesse	– De la Beauté à la Couronne. Découverte des forces occultes. Lecture des textes sacrés.
3	III	L'Impératrice	– De l'Intelligence à la Sagesse. Accroissement des connaissances acquises, action créatrice.
4	IIII	L'Empereur	– Du Fondement au Triomphe. Maîtrise des forces de la nature et des esprits élémentaires (des éléments), domination de la tentation grâce à la volonté.
5	V	Le Pape	– De la Miséricorde à la Sagesse. Connaissances ésotériques, enseignements.
6	VI	L'Amoureux	– De la Beauté à l'Intelligence. Victoire sur les tentations, réflexions, persévérance.
7	VII	Le Chariot	– De la Sévérité à l'Intelligence. Continuité, constance dans l'action, asservissement du mal.
8	VIII	La Justice	– De la Beauté à la Miséricorde. Compréhension des grands mystères, périodicité, recours au libre arbitre, contrôle du Karma.
9	VIIII	L'Ermite	– De la Beauté à la Miséricorde. Recherche intérieure, besoin de réfléchir seul avec soi-même, méditation.

10 X	La Roue de Fortune	– De la Sévérité à la Miséricorde. Recherche de l'équilibre entre les deux forces opposées. Elimination du jugement, acceptation des autres, contrôle des pensées et compréhension des énergies de l'âme.
11 XI	La Force	– De la Sévérité à la Miséricorde. Maîtrise de soi, force de volonté, victoire sur les tentations.
12 XII	Le Pendu	– De la Splendeur à la Sévérité. Esprit de sacrifice, choix d'une religion ou d'un courant spirituel. Dévotion, altruisme.
13 XIII	La Mort	– De la Sévérité à la Beauté. Renaissance, transformation, changement de personnalité, nouvelle façon de comprendre la vie.
14 XIIII	La Tempérance	– Du Fondement à la Beauté. Contrôle des énergies, utilisation des énergies supérieures, connaissances des sphères supérieures.
15 XV	Le Diable	– De la Splendeur à la Beauté. Asservissement de la matière, élimination du péché et des tentations. Combat suivi d'une prise de conscience de la spiritualité.
16 XVI	La Maison-Dieu	– De la Splendeur au triomphe. Destruction du mal, évaluation des dangers. Eloignement des idées ou des religions négatives.

17 XVII	L'Etoile	– De la Beauté à la Sagesse. Connaissance des esprits célestes et utilisation des moments propices.
18 XVIII	La Lune	– Du Règne au Triomphe. Connaissance de la lumière astrale ou grand agent magique. Utilisation des connaissances de l'âme de la terre. Facultés paranormales.
19 XVIIII	Le Soleil	– Du Fondement à la Splendeur. Amour de soi et des autres. Bonheur lié au choix effectué, récompense des sphères supérieures.
20 XX	Le Jugement	– Du Règne à la Splendeur. Interaction avec les forces supérieures. Pénétration spirituelle, présence de nouvelles énergies en l'homme.
21 XXI	Le Monde	– Du Fondement au Règne. Epanouissement complet, mouvement des énergies, bonheur et dynamisme.
22 0	Le Fou	– De la Sagesse à la Couronne. Dissolution, anéantissement, perte de l'individualité, totalité et néant, domaine mystérieux, incompréhensible.

D'autres religions se fondent, ou se sont fondées, sur l'Arbre de Vie; si l'on analyse les autres sources de la religion, on peut d'ailleurs remarquer qu'il existe de nombreuses analogies entre elles.

Le Dieu universel n'est jamais à la portée de l'esprit de l'homme et il émane des énergies créatrices qui descendent jusqu'au règne inférieur indiqué par la n° 10.

Indiens

Nirvâna (Inconnaissable)

Première Triade:

1. Brahma
2. Vishnu
3. Çiva

Seconde Triade:

4. Mâyâ
5. Aum
6. Harangher - Belah

Troisième Triade:

7. Porsh
8. Pradiaprat
9. Prakrat

La Base:

10. Pran

Chrétiens

Entité Divine inconnue

Première Triade:

1. Séraphins (amour)
2. Chérubins (harmonie)
3. Trônes (volonté)

Seconde Triade:

4. Dominations (sagesse)
5. Vertus (mouvement)
6. Puissance (forme)

Troisième Triade:

7. Principautés (personnalité)
8. Archanges (chaleur)
9. Anges (secours)

La Base:

10. L'homme

Grecs (Mythe des Muses)

Parnasse (Inconnaissable)

Première Triade:

1. Apollon (la Gloire)
2. Clio (l'histoire)
3. Uranie (l'Astronomie métaphysique)

Deuxième Triade:

4. Thalie (la Comédie)
5. Melpomène (la Tragédie)
6. Polymnie (la Poésie lyrique)

Troisième Triade:

7. Calliope (l'Eloquence)
8. Erato (l'Elégie)
9. Euterpe (la Musique)

La Base:

10. Terpsichore (la Danse)

LE YIN ET LE YANG

Selon les très anciennes théories orientales, toute la matière est composée de Yin et de Yang.

L'énergie du Yin et du Yang est présente dans le corps humain dès la naissance; ce sont des forces complémentaires et antagonistes issues d'une même énergie.

Le Yin correspond au concept féminin, c'est-à-dire négatif, le Yang au concept masculin, c'est-à-dire positif.

Le Yang représente l'activité, la sensibilité, la chaleur, le jour, la lumière, tandis que le Yin correspond à l'inactivité, à l'inertie, au froid, à la nuit, à l'obscurité.

Sur l'Arcane II (la Papesse), le livre de l'équilibre magique qui est représenté symbolise justement le Yin et le Yang.

Les Arcanes Yang ou masculins sont les suivants: l'Arcane I (le Bateleur), l'Arcane IIII (l'Empereur), l'Arcane V (le Pape), l'Arcane VI (l'Amoureux), l'Arcane VII (le Chariot), l'Arcane VIIII (l'Ermite).

Les Arcanes Yin ou féminins sont les suivants: l'Arcane II (la Papesse), l'Arcane III (l'Impératrice), l'Arcane VIII (la Justice), l'Arcane XI (la Force), l'Arcane XIIII (la Temperance), l'Arcane XVII (l'Etoile).

Ces deux groupes d'Arcanes forment ensemble un équilibre parfait, caractéristique du Yin et du Yang:

Arcanes Yang I IIII V VI VII VIIII
Arcanes Yin II III VIII XI XIIII XVII = EQUILIBRE;

On s'aperçoit, une fois de plus, que les Arcanes majeurs sont très riches d'enseignements.

Yin	*Yang*
Passif	Actif
Négatif	Positif
Féminin	Masculin
Ombre	Lumière
Terre	Ciel
Matériel	Spirituel
Puissance	Acte
Dorsal	Ventral
Intérieur	Extérieur
Sensible	Insensible
Ligne brisée	Ligne droite
Partie blanche du symbole du Tao	Partie noire du symbole du Tao
Svastika senestrogyre (c'est-à-dire dont les branches tournent dans le sens inverse de celui des aiguilles d'une montre)	Svastika dextrogyre (c'est-à-dire dont les branches tournent dans le même sens que celui des aiguilles d'une montre)
Condensation	Dissipation
Expiration	Inspiration
Rassemblements	Solutions
Microcosme	Macrocosme
Carré	Cercle
Triangle au sommet vers le bas	Triangle au sommet vers le haut
Contraction	Expansion
Lier	Délier
Petits mystères	Grands mystères
Paradis terrestre	Paradis céleste
Hiver	Eté
Equinoxe	Solstice

Yin	*Yang*
Nord	Sud
Côté droit	Côté gauche
Obscur	Lumineux
Lune	Soleil
Centripète	Centrifuge
Horizontal	Vertical
Nuit	Jour
Froid	Chaud
Humide	Sec
Eau	Feu
Argent	Or
Inertie	Mouvement
Magie noire	Magie blanche
Immobile	Volatile
Terre	Air
Sel	Azote
Lourd	Léger
Solide	Gazeux
Corps	Esprit
Corps décapité	Tête
Nombres pairs (terrestre) 2-10	Nombre impairs (célestes) 3-12
Exception 5 (2+3)	Exception 6 (2×3)
Mère	Père
Equerre (symbole maçonnique)	Compas (symbole maçonnique)
Eve	Adam

LES ARCANES ET LES COULEURS

Les lames peuvent être dessinées par le cartomancien et représenter, comme nous l'avons vu, soit des figures traditionnelles, soit des symboles. Lorsque c'est le cartomancien qui les trace, leur pouvoir est renforcé car elles s'imprègnent beaucoup de l'énergie de celui qui les conçoit.

Il est également possible de réaliser un jeu de Tarot en utilisant les couleurs du spectre solaire comme symboles. Les couleurs agissent sur l'inconscient de la même manière que les symboles représentés sur les Arcanes et elles produisent le même effet. Il y a sept couleurs dans le spectre solaire:

Couleurs Rouge – Orange – Jaune – Vert – Bleu – Indigo – Violet.

Comme on peut le remarquer, le vert est la couleur centrale et divise les autres couleurs en deux ternaires, situés un à gauche et un à droite. Le vert symbolise la vie sur notre planète, qui est liée à la présence de la végétation.

En tant que couleur centrale, le *vert* représente également l'*Ame*, le *rouge* correspondant au *Corps* et le *violet* à l'*Esprit*. On peut également préciser que les couleurs du ternaire de gauche appartiennent au règne matériel et celles du ternaire de droite au règne spirituel. Les couleurs de gauche sont dites "chaudes" et celles de droite sont dites "froides".

Les vingt-deux Arcanes Majeurs se divisent en trois chemins (corps, âme et esprit) formés de sept cartes chacun, et ces chemins correspondent chacun à une couleur.

Le Fou, la vingt-deuxième lame, n'est pris en considération que s'il est placé sur la Roue de Fortune; on attribue à cette lame la couleur blanche, qui est composée de toutes les couleurs du spectre.

Nous aurons ainsi:

Premier septenaire:
Arcanes I, II, III, IIII, V, VI et VII = *violet* = *Esprit.*

Deuxième septenaire:
Arcanes VIII, VIIII, X, XI, XII, XIII et XIIII = *vert* = *Ame.*

Troisième septenaire:
Arcanes XV, XVI, XVII, XVIII, XVIIII, XX et XXI = *rouge* = *Corps.*

Ces lames correspondent chacune aux différentes tonalités du spectre, comme l'indique le tableau suivant:

Corps	*Ame*	*Esprit*
XV marron	VIII jaune foncé	I BLEU
XVI marron roussâtre	VIIII JAUNE	II bleu outremer
XVII rouge foncé	X vert clair	III indigo clair
XVIII ROUGE	XI VERT	IIII INDIGO
XVIIII rouge clair	XII vert foncé	V lilas
XX ORANGE	XIII bleu vert	VI mauve
XXI ocre	XIIII bleu clair	VII VIOLET

Les couleurs de chaque Arcane seront donc dans l'ordre:

Arcane I	– Le Bateleur	Bleu
Arcane II	– La Papesse	Bleu outremer
Arcane III	– L'Impératrice	Indigo clair
Arcane IIII	– L'Empereur	Indigo
Arcane V	– Le Pape	Lilas
Arcane VI	– L'Amoureux	Mauve
Arcane VII	– Le Chariot	Violet
Arcane VIII	– La Justice	Jaune foncé
Arcane VIIII	– L'Ermite	Jaune
Arcane X	– La Roue de Fortune	Vert clair
Arcane XI	– La Force	Vert
Arcane XII	– Le Pendu	Vert foncé
Arcane XIII	– La Mort	Bleu vert
Arcane XIIII	– La Tempérance	Bleu clair
Arcane XV	– Le Diable	Marron
Arcane XVI	– La Maison-Dieu	Marron roussâtre
Arcane XVII	– L'Etoile	Rouge foncé
Arcane XVIII	– La Lune	Rouge
Arcane XVIIII	– Le Soleil	Rouge clair
Arcane XX	– Le Jugement	Orange
Arcane XXI	– Le Monde	Ocre
Arcane O	– Le Fou	Blanc

AMULETTES, TALISMANS, PENTACLES

AMULETTE

L'amulette est un porte-bonheur passif, protecteur, qui peut éloigner les vibrations auxquelles nous sommes exposés normalement.

Citons à titre d'exemple les petites plaques de métal comportant les effigies de divinités antiques, les différentes parties du corps des animaux féroces, ou considérés en tous cas comme courageux (griffes, dents, etc.).

Il existe également des amulettes végétales tirées de plantes jugées magiques. L'amulette est alors constituée d'écorce, de feuilles ou de fleurs enfermés dans une pochette de tissu qui est placée au contact de la peau.

Il n'existe cependant aucun lien personnel ou astrologique entre l'amulette et son détenteur.

TALISMAN

Le talisman est, en revanche, un porte-bonheur actif, qui protège celui qui le porte contre les forces négatives. Il ne peut agir que s'il correspond au signe astrologique de la personne qui l'utilise ou, à défaut, au moins à ses coordonnées générales.

Les talismans astrologiques sont reliés au symbolisme des signes du Zodiaque (couleur, pierre précieuse, parfum, etc.). Le talisman concentre en lui-même une énergie intense. Il peut être magnétisé, la magnétisation consistant, dans ce cas, à pratiquer l'imprégnation psychique.

Le talisman est actif parce qu'il renferme de très nombreuses informations sur le macrocosme, la planète ou la constellation à laquelle il se réfère. Le métal dans lequel il est fabriqué possède également ces caractéristiques.

Le talisman, en harmonie avec la personne, peut vibrer de façon synchronisée avec les forces supérieures et attirer ainsi les influx bénéfiques.

Le talisman peut être porté sur soi; il se transforme alors en boucle d'oreille, en bracelet ou en médaille.

PENTACLE

Le terme "pentacle" dérive du grec *pan*, *Pantos*, signifiant tout, et de *kleos*, signifiant action.

Le pentacle a été utilisé par les peuples les plus divers. En Egypte, on a retrouvé des pentacles sur certaines momies, et les prêtres eux-mêmes avaient recours aux pentacles.

S'inspirant des traditions égyptiennes, les Juifs utilisaient eux aussi des pentacles; les célèbres "Clavicules de Salomon" sont d'ailleurs arrivées jusqu'à nous. Le Sceau de Salomon (hexagramme) est un autre pentacle puissant; un symbole aussi simple que celui-là renferme des centaines de notions magiques.

Les Teraphim (qui, selon certains chercheurs, sont à l'origine des vingt-deux Arcanes majeurs des Tarots) étaient également considérés comme de puissants pentacles; c'est pour cette raison qu'on les représentait sur les tentes des villages.

En Extrême-Orient, l'origine de l'usage du pentacle se perd depuis dans la nuit des temps. En Chine, on se servait généralement de jade comme support de base, parce que l'on pensait que cette pierre accumulait les forces bénéfiques.

A l'époque du christianisme, l'usage des pentacles resta en vigueur; on avait coutume d'y graver des passages extraits de *la Bible* ou des *Evangiles*. Le Pape Léon III, à l'occasion du couronnement de l'empereur Charlemagne, offrit à ce dernier un ouvrage qu'il avait rédigé et qui était entièrement consacré aux pentacles et aux prières magiques. Il s'agit du célèbre livre intitulé *Enchiridion*. Sainte Hildegarde et saint Isidore eurent eux-mêmes recours aux pentacles.

Le pentacle, à la différence du talisman, est un protecteur actif de la personne qui concentre les énergies et les projette vers l'extérieur, en multipliant ainsi leur potentiel.

Pour fabriquer un pentacle, il ne suffit pas de le recopier sur un livre; de la sorte, on obtiendrait tout au plus un simple talisman. Pour qu'un pentacle devienne tel, il doit subir une activation magique. Le pentacle doit être gravé sur le métal voulu ou sur du parchemin vierge, purifié. L'encre avec laquelle le pentacle est dessiné doit être magique et préparée selon des règles très précises. Le pentacle se compose de symboles magiques particuliers, à partir desquels, si l'on sait les interpréter, on obtient de très nombreuses informations; il est entouré de deux cercles entre lesquels une phrase ou un nom magique doivent être gravés.

Pendant la préparation, on l'asperge avec le parfum de la planète à laquelle il est lié (voir page 193). Pour que le pentacle fonctionne, il faut l'activer d'une certaine façon, et il contiendra alors des fluides polarisés, contrairement au talisman qui ne peut que faciliter la polarisation des fluides. Le pentacle devient alors un véritable être vivant aidant la personne pour laquelle il a été conçu; ce lien se noue au cours d'un rite prévu à cet effet, au cours duquel sont produites les énergies qui activent le pentacle. Si l'on veut utiliser les Arcanes majeurs comme pentacle, il est indispensable de les activer également par un rite magique. On peut également avoir recours au pentacle pour soigner les maladies, conformément aux enseignements de l'illustre Paracelse qui guérissait de graves maladies en préparant des pentacles à des périodes astrologiques précises. Ces périodes ne se présentent parfois qu'une seule fois par an et ne durent pas plus d'une dizaine de minutes, ce qui oblige à attendre une année de plus, si l'on n'a pas fini le pentacle à temps. En ce qui concerne la préparation des pentacles, le lecteur se reportera à l'ouvrage *Mauvais œil et sortilèges*, du même auteur (Editions De Vecchi).

LES DIFFERENTES APPLICATIONS DES ARCANES

COMMENT GUERIR PAR LES ARCANES?

Chaque lame peut servir à soigner des maladies aussi bien physiques que psychiques. Pour tirer parti du pouvoir des Arcanes, il faut placer la lame voulue dans un cercle magique dans lequel sera dessiné le Sceau de Salomon (hexagramme). La lame sera orientée vers le nord magnétique, de même que la pointe supérieure de l'hexagramme.

On disposera également à côté de la lame la photographie du sujet nécessitant des soins, ainsi qu'une feuille de papier sur laquelle on indiquera le prénom, le nom, la date, le lieu et, si possible, l'heure de naissance de ce sujet.

On couvrira ensuite le tout d'un tissu noir qui restera en place pendant une période variable selon les cas, comprise entre un minimum de trois jours et un maximum de quarante jours; il est préférable que le nombre de jours soit un multiple de sept.

COMMENT UTILISER LES ARCANES COMME PENTACLE?

Pour ce faire, on ne se sert pas de la lame elle-même mais de son symbole, que l'on reproduit sur du parchemin (purifié). Ce symbole doit être dessiné à l'encre noire, purifiée également, et le pentacle doit ensuite être porté sur soi, de préférence en contact avec la peau.

L'efficacité du pentacle augmente avec le temps. Si l'on souhaite s'en défaire, il faut le brûler. Outre le symbole correspondant à la lame choisie, il faut également dessiner la lettre hébraïque et le chiffre romain attribués à cette lame.

Quel Arcane choisir?

I – Le Bateleur

Il permet de lutter contre la paresse, l'apathie, le manque de volonté. Il est utile lorsque l'on se lance dans une nouvelle activité ou que l'on doit faire des choix, et sert aussi à soigner l'épilepsie et les tics nerveux. Il donne du courage et attire l'attention des autres sur notre personne. Il permet de garder secrète une idée ou un plan. Recommandé aux adolescents, aux personnes qui ont des troubles sexuels, contre le bégaiement et le vieillissement précoce.

II – La Papesse

Cet Arcane permet de combattre le manque total de volonté, d'évaluer le pour et le contre et d'opter pour la solution la plus judicieuse. Il augmente l'intuition et fait naître les grandes idées et les grands projets. On s'en sert pour retrouver son équilibre. Il représente le bon goût et l'imagination féminine. Recommandé pour la ménopause et la sénilité.

III – L'Impératrice

Cette lame nous aide à connaître les forces de la nature. Elle augmente l'intelligence, la rationalité, la capacité de gérer les données. Elle permet la réalisation des projets matériels. Elle crée un équilibre entre le corps et l'esprit, apporte le calme et la sérénité. Recommandé pour lutter contre la stérilité féminine et aux femmes qui allaitent.

IIII – L'Empereur

Cette carte favorise la connaissance. Elle facilite les recherches scientifiques, confère succès et autorité, permet de s'affirmer et de résoudre ses problèmes psychiques. Elle libère les esprits de la nature et les rapproche de nous, favorise l'épanouissement. Recommandé contre la fatigue et l'anémie.

V – Le Pape

Cet Arcane accroît la maîtrise de soi et renforce les pouvoirs de la volonté. Il ouvre l'esprit aux secrets ésotériques, à la recherche intérieure, à la spiritualité. Il favorise la méditation, donne le pouvoir d'agir sur la nature (plantes, animaux, minéraux). On s'en sert pour les recherches sensorielles, en hypnose, pour communiquer avec les morts et pour s'assurer la protection d'un ange gardien. Cette lame apprivoise les entités. Renversée, elle attire les mauvaises entités.

VI – L'Amoureux

Il favorise l'amitié et éloigne les personnes mal intentionnées. Cet Arcane attire la sympathie des autres, il permet de combattre la solitude, les maladies mentales, les maux de tête, l'anxiété, la nervosité. Il facilite la lutte contre les vices (telle la cigarette). S'il est porté par un homme, il le rend sympathique. Il sert à prendre des décisions (amoureuses en particulier), à supprimer les mauvaises habitudes, à oublier les problèmes et les chagrins. Recommandé à ceux qui cherchent un travail.

VII – Le Chariot

Cette lame renforce le pouvoir des entités positives et éloigne les entités négatives. Elle nous permet de contrôler complètement le corps et facilite les accouchements.

Elle aide à communiquer avec les enfants. On s'en sert au moment des choix importants. Le Chariot favorise la recherche de la perfection, notamment dans les domaines artistiques (peinture, musique) et en astrologie. Il protège contre les catastrophes naturelles et contre les accidents, en particulier ceux de la route.

VIII – La Justice

On se sert de cette lame, lorsque l'on veut rester indifférent et ne pas se laisser influencer par les autres. Elle confère pouvoir et autorité, et peut aider ceux qui ont un poste de responsabilité. Elle favorise l'épanouissement, la mémoire, la moralité, l'intuition et la concrétisation des projets. On utilise cette lame pour pardonner à ceux qui ont fait du tort, pour retrouver son équilibre psychophysique et lorsque l'on entreprend un jeûne. Elle rend impartial.

VIIII – L'Ermite

Cette lame permet de combattre les instincts sexuels, de se maîtriser, de se laver du péché et de s'adonner à la méditation. Elle supprime les peurs et les cauchemars. On s'en sert pour garder un secret. Elle facilite la recherche médicale et psychologique, le diagnostic des autres et de soi-même.

X – La Roue de Fortune

Cette lame accroît l'expérience, la connaissance. Elle rétablit l'équilibre du Yin et du Yang. On s'en sert pour mener un projet à bon terme, pour favoriser les inventions ou pour comprendre les Saintes Ecritures. Recommandée contre les maladies du foie, de la rate, contre la mauvaise circulation du sang et contre les varices.

XI – La Force

Cet arcane renforce la persévérance de ceux qui étudient ou font des recherches; elle aide les sportifs à se maintenir en bonne forme. On s'en sert aussi pour acquérir un esprit plus ouvert, pour éliminer les contradictions, pour vaincre la violence et s'en préserver, pour dominer les vices et les passions, pour lutter contre l'apathie, la paresse et l'impuissance.

XII – Le Pendu

On utilise cette lame pour apprendre à se sacrifier et à être désintéressé. Elle nous aide à prendre les problèmes du bon côté, à vaincre l'égoïsme. Elle est recommandée pour freiner la chute des cheveux. On s'en sert aussi en télépathie ou encore pour s'adapter à un nouveau poste de travail, pour se faire de nouveaux amis et vivre en bonne intelligence avec autrui.

XIII – La Mort

Cette lame est propice aux changements, aux grandes décisions; elle aide à combattre la peur de la mort. Elle favorise les transformations spirituelles et confère la clairvoyance. Recommandée pour cicatriser les blessures et soigner les fractures.

XIIII – La Tempérance

Cette lame rétablit l'équilibre psychophysique. Si on la porte sur soi ou si on l'associe à une photo, elle favorise le renoncement (utile pour les régimes amaigrissants). Elle permet de mieux connaître les autres, de communiquer avec autrui et de vaincre sa timidité, elle aide aussi à être assidu et appliqué. Cet Arcane symbolise la circulation et la pression sanguine. Son utilisation est recommandée pour soigner les maladies des reins et de la nutrition.

XV – Le Diable

On l'utilise pour combattre les défauts, apprivoiser les animaux et renforcer le magnétisme personnel. Il protège contre les fractures.

XVI – La Maison-Dieu

Sert à lutter contre la stérilité et l'impuissance.

XVII – L'Etoile

Cette lame est utile aux astrologues. Elle renforce l'intuition, fait aimer la nature, permet de prédire l'avenir, de se déplacer dans le temps, de se dédoubler. Elle favorise la voyance, la télékinésie et l'hypnose. Recommandée contre la constipation, l'insomnie ou pour soigner ses plantes.

XVIII – La Lune

Cet arcane est bénéfique aux personnes anxieuses, nerveuses, déprimées. Il renforce les facultés psychiques latentes, la sensibilité, l'imagination, aide à ne pas vivre dans un monde d'illusions. Recommandé contre la fièvre, les maladies de la peau, le mal de mer, la chute des cheveux, la cellulite et l'obésité. On s'en sert d'une manière générale pour éloigner le mal.

XVIIII – Le Soleil

Symbole de l'illumination, de la spiritualité. Cette lame permet d'augmenter la température corporelle, de guérir grippes et indigestions. On s'en sert pour rester pur, pour régénérer son énergie et retrouver une bonne forme physique et psychique. Recommandé pour la bonne entente du couple, pour soigner les maladies des yeux, le rachitisme et les maladies cardiaques.

XX – Le Jugement

Cet arcane sert à s'éloigner du monde matériel, à aimer son prochain, à vaincre son égoïsme, son orgueil, à mieux connaître les autres. Il rend enthousiaste, permet de supprimer ses contradictions et de réussir ses examens. Il éloigne les hallucinations et les fantasmes.

XXI – Le Monde

On utilise cette lame pour pardonner et se faire pardonner, pour aimer la vie, être joyeux, heureux, optimiste. Elle favorise la recherche de la perfection. Recommandée pour renforcer la volonté et l'assiduité dans les études.

O – Le Fou

Cette lame permet de vaincre l'apathie, l'inertie, la neutralité, l'indifférence. Elle favorise l'excitation nerveuse, son utilisation est, de ce fait, conseillée aux gens qui dorment trop.

LES REVES ET LES ARCANES MAJEURS

Selon le psychanalyste Carl Jung, les souvenirs primordiaux sont logés dans l'inconscient collectif. L'inconscient collectif contient une série d'informations ne dérivant pas des expériences individuelles, mais des souvenirs et des expériences de toute l'humanité.

Les mythes de l'humanité, les rites sacrés sont présents en chaque homme de sa naissance jusqu'à sa mort. Ces souvenirs universels, ces "images anciennes qui appartiennent au trésor commun de l'humanité" sont appelées "archétypes". Le feu, l'idée de Dieu sont des images qui reviennent souvent dans nos rêves et sont certainement issues de cet ancien savoir.

Les symboles géométriques simples constituent eux-mêmes des exemples d'archétypes; chaque changement intérieur, chaque maturation psychique donne lieu à des rêves où les lieux et les objets revêtent des formes géométriques simples et symboliques. Le triangle peut désigner la trinité, l'œil de Dieu; le carré peut représenter un problème nous touchant de près ou encore être un symbole d'ordre et de précision.

Le cercle évoque la vie intérieure, les énergies extériorisées, l'univers, la graine divine.

Les cartes à jouer sont, elles aussi, caractérisées par un symbolisme archétype; ainsi, l'as de trèfle, qui représente une croix, peut indiquer des problèmes de foi ou la peur de la punition. L'as de Pique, lui, symbolise une épée et peut donc représenter la violence ou la peur d'être attaqué de l'extérieur.

Les Tarots renferment un symbolisme aussi vaste que complexe; ils peuvent représenter de véritables souvenirs ancestraux qui, en agissant sur l'inconscient, déclenchent des visions symboliques se rattachant à des expériences primitives. Si l'on inverse la démarche, de manière que ce ne soit pas les souvenirs qui évoquent les symboles, mais les symboles qui rappellent les souvenirs, on peut utiliser les lames du Tarot pour influencer les rêves.

Les rêves peuvent être orientés; il est possible de les programmer en partie à l'aide des vingt-deux Arcanes majeurs. Le rituel est simple: il suffit de choisir un Arcane en fonction de l'événement que l'on veut rêver et de le placer à côté de son lit, sur sa table de nuit, ou, mieux encore, sous son oreiller, de manière que les vibrations de la lame pénètrent le sujet plus directement.

On peut également utiliser une feuille de parchemin sur laquelle le symbole de la lame est dessinée, mais il est beaucoup plus efficace d'avoir recours à la carte proprement dite. Une fois que l'on est couché, il faut respirer profondément pendant cinq minutes environ, en visualisant la couleur *violette.*

On répète ensuite trois fois de suite mentalement le numéro et le nom de l'Arcane choisi et l'on visualise la carte jusqu'à ce que l'on s'endorme.

Il est conseillé de préparer à l'avance des feuilles de papier et un stylo de façon à pouvoir transcrire dès le réveil les rêves faits, les sensations éprouvées et l'interprétation que l'on arrive à en donner. On pourra vérifier très rapidement s'il existe un lien entre l'arcane choisi et le (ou les rêves) que l'on a fait. Si le résultat est mauvais ou peu satisfaisant, il est recommandé de ne pas renoncer, mais de tenter de nouveau l'expérience au moins trois fois.

Avant de faire la liste des rêves que permettent les différents Arcanes, précisons que pour résoudre les problèmes liés à la physiologie du sommeil pendant la phase des rêves (phase REM), on peut se servir des Arcanes suivants:

- IIII – *L'Empereur*: pour refaire des rêves que l'on n'a pas compris.
- II – *La Papesse*: pour réussir à comprendre le message des rêves.
- XI – *La Force*: pour rêver plus.
- XVIII – *La Lune*: pour se rappeler des rêves au réveil.

Ces quatre Arcanes peuvent être associés à une autre lame dans certaines situations. Si, par exemple, on a recours à la cinquième lame, le Pape, parce que l'on souhaite faire des rêves prémonitoires, et que l'on ne comprend pas le rêve ou encore qu'il présente des aspects obscurs, difficiles à interpréter, le soir suivant, on l'associe à l'arcane de la Papesse ou à celui de l'Empereur (qui servent respectivement à éclaircir le message et à refaire le rêve) et l'on répète l'expérience.

LES REVES CORRESPONDANT A CHAQUE ARCANE

- I – *Le Bateleur*: pour les femmes qui veulent voir leur futur mari ou leur prochain amour en rêve.
- II – *La Papesse*: pour comprendre le message des rêves, autrement dit, pour pouvoir interpréter les symboles qu'ils renferment.
- III – *L'Impératrice*: pour savoir si une grossesse est en cours.
- IIII – *L'Empereur*: pour refaire des rêves incompris.
- V – *Le Pape*: pour faire des rêves prémonitoires concernant le proche avenir.
- VI – *L'Amoureux*: pour rêver des personnes chères; pour savoir si l'on est aimé de son partenaire.

– VII – *Le Chariot*: pour rêver du sexe de l'enfant qui va naître; pour faire des rêves d'aventures.
– VIII – *La Justice*: pour revoir en rêve des événements passés.
– VIIII – *L'Ermite*: pour éviter les cauchemars et favoriser les rêves spirituels.
– X – *La Roue de Fortune*: pour faire des rêves prophétiques ayant trait à la Clef des songes et, d'une manière générale, aux loteries.
– XI – *La Force*: pour intensifier les rêves.
– XII – *Le Pendu*: pour recevoir des conseils en rêve au moment d'un choix difficile.
– XIII – *La Mort*: pour rêver des morts (associer à l'Arcane la photographie, ou la date de naissance et de mort du défunt).
– XIIII – *La Tempérance*: pour les hommes voulant rêver de leur future femme ou fiancée.
– XV – *Le Diable*: pour rêver des personnes voulant nous nuire et des personnes à éviter.
– XVI – *La Maison-Dieu*: pour faire des rêves prémonitoires liés à des catastrophes naturelles (tremblements de terre, etc.).
– XVII – *L'Etoile*: pour faire des rêves prémonitoires d'événements devant se produire dans un futur lointain.
– XVIII – *La Lune*: pour se souvenir des rêves au réveil.
– XVIIII – *Le Soleil*: pour rêver de toutes les personnes nous aimant et qui nous sont attachées.
– XX – *Le Jugement*: pour rêver de réminiscences inconscientes; cet Arcane permet d'éviter le somnambulisme.
– XXI – *Le Monde*: pour faire des rêves liés au monde de la nature (animaux, plantes, etc.).

– O – *Le Fou*: pour stimuler les rêves. Si l'on place cette lame à côté d'une autre, on renforce son action.

LES TAROTS ET L'HYPNOSE

Certains Arcanes sont caractérisés par un symbolisme fort et un message archétype atteignant directement l'inconscient; c'est pourquoi on peut les utiliser pour hypnotiser un sujet. Celui qui réalise cette expérience doit toutefois bien connaître les techniques de l'hypnose pour la réussir.

A titre indicatif, voici les lames et les techniques auxquelles on peut avoir recours:

– Arcane X (*la Roue de Fortune*). Faire osciller légèrement la lame à environ quarante centimètres de distance des yeux du sujet, en la plaçant à quatre doigts au-dessus de ceux-ci; entreprendre alors les suggestions voulues.

– Arcane XVII (*l'Etoile*). Demander au sujet de fixer l'Etoile centrale, tout en entrevoyant les sept autres étoiles. Poursuivre l'exercice jusqu'à provoquer la fatigue oculaire. La carte doit être placée dans la même position que ci-dessus.

Autres lames:

– Cartes napolitaines: Trois de deniers. Orienter la carte horizontalement de façon à former un triangle, l'approcher à trois ou quatre centimètres des yeux du sujet, puis l'éloigner à quarante centimètres; la carte doit être placée à quatre doigts au-dessus des yeux du sujet.

– As de deniers. Procéder comme avec l'Arcane XVII.

DIVINATION

PRINCIPES DE BASE DE LA CARTOMANCIE

THEORIES

1°. *Captation* de messages inconscients chez le consultant.

Le voyant se plonge dans l'inconscient du consultant et entre dans son espace-temps en énonçant les sensations et les événements liés à sa personne.

2°. *Lumière astrale* ou grand Agent magique.

Le médium entre en transe, tout en restant lucide, et parvient ainsi à lire l'énergie cosmique de l'inconscient collectif. Les lames ne sont qu'un moyen pour y parvenir.

3°. *Le hasard*, c'est-à-dire la Fortune.

Le voyant réussit à deviner des détails de la vie du consultant par un pur hasard qui est lié aux lois des probabilités.

4°. *Synchronisme*: ou événement coïncidant dans un espace-temps différent.

A travers le rituel, le choix des lames, leur disposition sur la table, on crée un événement qui modifie la réalité, comme si l'on créait un nouvel espace-temps.

5°. *Télépathie et voyance.*

Les lames ne sont autre qu'un "support" nécessaire au cartomancien pour pratiquer la télépathie et la voyance. Elles sont cependant indispensables de par le symbolisme qu'elles renferment.

6°. *Imprégnation archétype symbolique.*

Théorie liée à l'importance croissante que revêtent certains symboles: les différents esprits de toutes les personnes les ayant utilisés (depuis des millénaires en ce qui concerne les Arcanes) les ont tant imprégnés qu'ils leur ont donné vie. Aussi, chaque fois que l'on a recours aux lames pour la divination, cela revient à demander de l'aide à des moyens psychiques extérieurs qui envoient leur message d'interprétation.

7°. *Spiritisme.*

Cette théorie prend en considération le monde des esprits, ou entités, qui, lorsqu'on les évoque, lors d'une séance de spiritisme, peuvent communiquer avec les vivants. Ils nous envoient ainsi des messages liés au passé ou au futur, car ils n'appartiennent pas à notre espace-temps. Dans ce contexte, le rituel et le symbolisme des lames serviraient à stimuler les esprits et leur collaboration serait de ce fait "automatique".

8°. *Esprit guide.*

De nombreux cartomanciens, voyants et guérisseurs affirment qu'ils sont aidés dans leur travail par une entité guide qui, en cas de besoin, leur suggère (au niveau cérébral) les perceptions relatives, dans notre cas, à la divination des Arcanes. L'esprit guide est une entité céleste qui n'habite que quelques personnes, selon certains, et que tout le monde possède selon d'autres: c'est l'équivalent de l'Ange Gardien. Ici aussi, certains considèrent que tout cela n'est que pure suggestion et que le seul fait de croire à l'esprit guide déclenche chez le cartomancien la faculté de voyance.

Conclusion

Toutes ces théories sont valables dans la mesure où elles permettent d'aboutir au résultat voulu. Lorsqu'un certain rituel, une certaine pratique donne de bons résultats, il convient alors de poursuivre sur cette voie sans vouloir forcément tout essayer.

Personnellement, j'accepte la théorie de la télépathie et de la voyance que pratique le cartomancien grâce au message symbolique des lames en s'aidant du synchronisme lié à l'événement.

PRATIQUE

LA PURIFICATION DES TAROTS

La purification permet d'éliminer toutes les traces d'énergie psychique qui se sont accumulées dans les lames au cours de leur fabrication, de l'élaboration du carton jusqu'à la vente; chacune de ces transformations précédant l'achat du jeu entraîne une imprégnation psychique qui est, la plupart du temps, profondément négative, car il est bien rare que l'auteur de ces lames soit un être parfait.

La purification doit être effectuée dans un lieu calme et solitaire; il est donc préférable de se trouver tout seul chez soi. Les lames doivent être posées sur une table couverte d'une nappe blanche. Il faut les laisser dans leur boîte et celui qui réalise la purification doit orienter son visage vers le nord magnétique. On imprègne ensuite la pièce d'un parfum oriental, en faisant brûler, par exemple, des bâtonnets d'encens dont le nombre doit toujours être impair. La seule source de lumière de la pièce sera constituée par la flamme d'une bougie. On ferme alors les yeux et l'on dispose ses mains à quelques millimètres de la boîte de Tarot les paumes tournées vers le bas et les pouces espacés de quelques millimètres l'un de l'autre. Sans rouvrir les yeux, on pratique pendant quelques minutes (au moins trois) des exercices de respiration profonde, puis on murmure les phrases suivantes: "En harmonie avec les forces de la nature et de toute la création, au nom de la bonté et de l'amour, je demande que ces cartes soient purifiées. Je vous purifie, huit cartes, au nom de la justice et de la sagesse et que mes actes soient tournés vers le bien et la recherche de la spiritualité".

La purification ne doit être effectuée que si l'on croit à ce que l'on fait, sinon on obtient un résultat opposé à celui que l'on escomptait. En effet, si l'on réalise la purification sans avoir la foi, on imprègne encore davantage les lames de pensées hypocrites, ce qui fausse donc très probablement leur message.

LA CONSECRATION DES TAROTS

La consécration doit être effectuée après la purification et, si on le souhaite, on peut la réaliser juste après la purification. Le cadre est toujours le même, mais cette fois-ci on parfumera la pièce avec l'essence correspondant à notre signe zodiacal (voir tableau page 192).

Les lames devront à présent être sorties de leur boîte et disposées sur la table sur trois rangées de sept lames, c'est-à-dire selon la configuration des chemins de l'esprit, de l'âme et du corps. La dernière rangée comportera huit lames, car on y ajoutera le Fou. On s'orientera vers le nord et la pièce ne sera toujours éclairée que par une bougie. On pratiquera alors des exercices de respiration profonde pendant trois minutes, en visualisant la couleur violette, puis, pendant trois minutes encore, on s'efforcera d'être en harmonie avec les vingt-deux Arcanes, en s'identifiant à l'essence des lames, disposées sur la table. On placera ensuite les mains à quelques centimètres des lames les paumes tournées vers le bas, à trois-quatre centimètres l'une de l'autre, et on prononcera à voix basse les phrases suivantes: "Forces du bien, esprits de la lumière, amour universel, je vous consacre ces lames...

(énoncer leur nom et leur numéro un à un)... qui seront dorénavant en harmonie avec mon être et prêtes à vibrer à chacune de mes questions, celles-ci étant tournées vers la recherche du bien. Ainsi soit-il".

Il faut ensuite envelopper les lames dans un linge noir et ne plus les toucher pendant sept jours. Il est conseillé de placer également dans le linge noir une photographie de soi. Rappelons que l'ensemble de ces rituels a pour but de déclencher une forte émission d'énergie psychique ne pouvant être produite qu'à travers ces actes.

En ce qui concerne le linge noir, il est préférable d'éviter les tissus synthétiques et de choisir, si possible, de la soie naturelle. Ce morceau de soie pourra servir, si on le souhaite, à recouvrir la table lors des consultations. Dans ce cas, il faudra choisir un métrage d'étoffe, si possible un carré, aux dimensions appropriées. Il servira notamment à créer une barrière éloignant les énergies négatives.

TABLEAU DES PARFUMS ZODIACAUX

Bélier	premier	décan = Absinthe
	deuxième	décan = Basilic
	troisième	décan = Poivre
Taureau	premier	décan = Mélisse
	deuxième	décan = Gingembre
	troisième	décan = Rose
Gémeaux	premier	décan = Vanille
	deuxième	décan = Acacia
	troisième	décan = Menthe
Cancer	premier	décan = Santal
	deuxième	décan = Tilleul
	troisième	décan = Ambre
Lion	premier	décan = Angélique
	deuxième	décan = Myrrhe
	troisième	décan = Cyclamen

TABLEAU DES PARFUMS ZODIACAUX

Vierge	premier	décan	= Gardénia
	deuxième	décan	= Acacia
	troisième	décan	= Achillée rose
Balance	premier	décan	= Iris
	deuxième	décan	= Mousse
	troisième	décan	= Jacinthe
Scorpion	premier	décan	= Tubéreuse
	deuxième	décan	= Genêt
	troisième	décan	= Citronnelle
Sagittaire	premier	décan	= Amarante
	deuxième	décan	= Freesia
	troisième	décan	= Calycanthe
Capricorne	premier	décan	= Narcisse
	deuxième	décan	= Jacinthe double
	troisième	décan	= Menthe sauvage
Verseau	premier	décan	= Dracontium
	deuxième	décan	= Muguet
	troisième	décan	= Réséda
Poissons	premier	décan	= Jasmin
	deuxième	décan	= Pivoine
	troisième	décan	= Fleur d'oranger

CORRESPONDANCES PARFUM-PLANÈTE

Dimanche - Soleil	= Héliotrope
Lundi - Lune	= Iris
Mardi - Mars	= Bruyère
Mercredi - Mercure	= Genièvre
Jeudi - Jupiter	= Menthe
Vendredi - Vénus	= Verveine
Samedi - Saturne	= Coquelicot

L'IMPREGNATION DES ARCANES

Après avoir correctement purifié et consacré les lames du Tarot, on peut passer à leur imprégnation. Cette pratique, qui n'est pas indispensable mais souhaitable, permet à celui qui l'effectue de charger les lames de son énergie et de se pénétrer de leur essence. Cette énergie finirait de toute façon par se déposer sur les cartes avec le temps. En effet, chaque fois que les lames sont manipulées, elles s'imprègnent d'une partie du psychisme de celui qui les utilise. Elles s'accordent alors sur l'inconscient de ce dernier et déclenchent le déclic de la voyance, faculté toujours latente en chacun, même si l'individu n'en est pas conscient.

L'imprégnation permet d'accélérer le temps. Pour prendre un exemple, c'est comme si les lames étaient utilisées depuis dix ans et non depuis quelques mois seulement. Aussi, une fois familiarisé avec le symbolisme des Arcanes, il devient intéressant de les dessiner soi-même. Ces lames seront peut-être moins bien présentées, mais elles seront en tout cas chargées de l'essence de son créateur, car en les dessinant et en les peignant, ce dernier aura émis des pensées qui les imprégneront; elles deviendront de la sorte une partie de lui-même.

Pour procéder à l'imprégnation des lames, il faut s'isoler dans un endroit tranquille, de préférence le soir. On s'assoit confortablement, sans croiser les jambes, devant une table sur laquelle on dispose les Arcanes Majeurs. La pièce ne doit être éclairée que par une bougie. On pratique alors quelques exercices de respiration profonde pendant environ cinq minutes, en inspirant par le nez, en retenant son souffle pendant trois secondes, et en expirant par la bouche. On gardera les yeux fermés et on visualisera la *couleur bleue*. Les mains sont posées sur la table, au centre de laquelle sont étalés les vingt-deux Arcanes. Pendant ces minutes de préparation, on accorde les vibrations de son inconscient à celles des lames, prêt à les imprégner ensuite une à une. On prend la première lame, le Bateleur, et on la place devant soi, en poussant toutes les autres lames dans un angle. On impose alors les mains à quelques centimètres de cet Arcane, en faisant s'effleurer les pouces.

On imagine ensuite qu'une *lueur rouge* s'échappe des mains, et en continuant à respirer profondément on visualise à chaque expiration cette énergie qui se dépose sur l'Arcane et le pénètre. On maintiendra cette concentration pendant *trois minutes*, de manière que la lame s'adapte à notre volonté. On change ensuite de procédé et, en partant du bas de la lame, on visualise un rayon coloré se déplaçant de l'angle gauche vers la droite. L'angle de droite atteint, on repart vers la gauche, puis vers la droite, en zigzag, sans interrompre mentalement ce tracé coloré, de façon à couvrir toute la lame. Une fois atteint le haut de la lame, on redescend de la même façon.

On poursuivra cette opération pendant *sept minutes* environ. Ce qui importe, c'est de terminer là où l'on avait commencé. La couleur visualisée n'a, en revanche, aucune importance; on choisit en général la couleur que l'on préfère et avec laquelle on se sent le plus en harmonie. Chaque jour, on imprègne une lame. Il est inutile d'essayer d'en imprégner plusieurs à la fois, car la fatigue intervenant, l'énergie transmise serait donc faible. Après avoir chargé sept lames (le premier chemin), on observera un jour de repos, puis on continuera avec les sept lames suivantes, etc. Lorsque sont imprégnées les vingt-deux cartes (la dernière semaine, il faut en imprégner huit), il faut observer trois jours de repos, avant de reprendre l'imprégnation en plaçant cette fois l'ensemble des sept premières lames, c'est-à-dire le chemin de l'esprit, sur la table.

On répétera cette opération en supprimant toutefois la partie initiale, consacrée à l'émanation de la lueur rouge des mains. Rappelons que pendant la suite de l'imprégnation (à l'aide du rayon coloré), les mains doivent être posées sur la table, dans le prolongement des épaules. Cette fois, les sept lames seront disposées les unes à côté des autres; le rayon coloré partira de l'angle gauche de la première lame pour traverser les sept lames en ligne droite, puis remontera vers la gauche, et l'on procédera en zigzags, en considérant les sept lames comme une seule et même lame. Le lendemain, on imprégnera les sept lames suivantes (le chemin de l'âme), et le troisième jour les huit dernières lames.

On observera alors une nouvelle période de repos de trois jours, et l'on poursuivra l'imprégnation en la pratiquant sur onze lames à la fois, en commençant par la zone active ou masculine, en observant un jour de repos, puis en continuant avec les onze lames suivantes, c'est-à-dire la zone passive ou féminine, en plaçant les cartes les unes à côté des autres et en procédant selon les indications données ci-dessus.

Après un nouveau repos de trois jours, on terminera l'imprégnation sur l'ensemble des vingt-deux Arcanes, en les disposant sur deux rangées de sept lames et une rangée de huit; la technique utilisée sera toujours la même. On arrivera ainsi au terme de l'imprégnation qui se sera déroulée sur une période de vingt-huit jours actifs et douze jours passifs, soit un total de quarante jours.

Après cette imprégnation, on possède un jeu de Tarot dont les lames, véritablement chargées, permettront d'accéder aux connaissances enjouies de l'inconscient et de les extérioriser.

Pendant la durée de l'imprégnation, on peut se servir normalement des lames pour pratiquer la divination, mais il est toutefois déconseillé de les utiliser durant la période où on les imprègne une à une.

Imprégnation active: 22, 3, 2, 1,	Total: 28 jours
Imprégnation passive: 1, 1, 3, 3, 4,	Total: 12 jours

RITUEL POUR LA DIVINATION

Le rituel est une préparation à la divination. C'est un ensemble d'actes, de démarches, que l'on effectue avant de consulter le jeu de Tarot et qui doivent toujours être les mêmes. La voyance est l'une des facultés paranormales logées dans l'inconscient de chacun. Lorsque l'on veut faire une divination, il faut faire en sorte que ces facultés remontent dans la partie consciente de notre être. C'est justement à cela que sert le rituel: il oriente l'esprit dans une direction donnée. C'est la clef qui permet d'ouvrir la porte de l'inconscient et de faire émerger la capacité de voyance. Ce rituel doit être pratiqué à chaque fois pendant un certains temps. Lorsque l'on se sent suffisamment sûr de soi, on peut ensuite le modifier ou le supprimer.

Il est important de réaliser ce rituel, car on a ainsi plus de probabilités de bien préparer les lames et cette pratique contribue à intensifier les facultés extra-sensorielles. Préparer régulièrement les lames aide le cartomancien à se familiariser avec celles-ci et à les imprégner de son énergie, de façon à favoriser la communication entre elles et son esprit. Il est donc préférable que le voyant utilise toujours le même jeu de Tarot et qu'il soit le seul à s'en servir car celles-ci seront imprégnées de ses vibrations et de sa force psychique.

Il est également préférable que la divination soit effectuée le soir et, si possible, toujours à la même heure. Elle doit être pratiquée loin des repas, et non pendant la digestion, pour permettre un plus grand afflux de sang au cerveau. Pendant la divination, il ne faut ni fumer, ni boire de boissons alcoolisées. La nourriture, l'alcool (en grande quantité) et la cigarette inhibent les facultés extra-sensorielles. Un petit doigt d'alcool juste avant de commencer peut toutefois se révéler utile, car cela permet d'éviter les blocages et de dilater l'esprit.

Une autre bonne habitude à prendre est de se laver les

mains sous l'eau courante pour décharger les énergies négatives qui se sont accumulées sous forme d'électricité statique. On ne s'essuiera pas les mains avec un linge, mais on les égouttera vigoureusement. On choisira une pièce, une table et une chaise qui devront toujours être les mêmes par la suite. Il est préférable d'étendre une nappe de couleur sombre sur la table, si possible bleue, pour faciliter la relaxation, ou bien encore indigo ou mauve, car ce sont les couleurs qui favorisent le mieux la méditation. On placera une lampe sur la table de façon que les cartes soient bien éclairées, mais le reste de la pièce devra rester dans la pénombre. Inutile de préciser qu'il ne devra y avoir aucun bruit dans la pièce.

Pour obtenir un bon résultat, il faut que le cartomancien soit en harmonie avec le consultant. Pour cela, il est conseillé de bavarder un peu, d'essayer de sympathiser avec le consultant pour le mettre à l'aise afin qu'il "s'ouvre". Une fois ce stade atteint, on garde le silence pendant quelques dizaines de secondes, on se détend et l'on respire profondément.

On évitera de croiser les jambes pour ne pas interrompre le flux d'énergie qui circule en nous. On forme ensuite une roue avec les lames pour que le jeu soit composé de cartes droites et de cartes renversées. On les mélange un nombre impair de fois (trois fois, sept fois, neuf fois), ou bien dix fois: bien qu'il s'agisse d'un nombre pair, le dix étant un nombre "fini".

On coupe ensuite les cartes et on les dispose selon le système que l'on a choisi. Ces opérations (mélanger, couper et éventuellement choisir les lames) peuvent être effectuées aussi bien par le consultant que par le cartomancien; seule chose importante à respecter: lorsque le cartomancien a choisi un système déterminé, il doit s'y tenir très strictement à chaque fois qu'il pratiquera la divination.

Les lames peuvent être retournées sur la table de deux façons: soit en les tournant de la gauche vers la droite (comme si on feuilletait un livre à l'envers), soit en les retournant du bas vers le haut, de façon qu'elles soient renversées par rapport à leur position dans le paquet. La divination proprement dite peut alors commencer. Le cartomancien considère tout d'abord les lames dans leur totalité, puis les étudie une à une et, petit à petit, il ressent des sensations qui, pratiquement imperceptibles dans un premier temps, se manifestent progressivement avec de plus en plus de précision.

La lame qui représente le consultant devrait être l'une des premières à sortir, faute de quoi la divination ne pourrait pas réussir.

Les lames disposées vers la droite peuvent avoir un lien avec la raison et la logique, tandis que celles se trouvant à gauche sont liées à l'intuition et à l'inconscient. Il ne faut pas se décourager si, au début, on ne perçoit que peu de sensations: elles peuvent se manifester tout de suite, mais dans certains cas il faut plus de temps, cela dépend de la sensibilité du cartomancien et de sa réceptivité.

Il ne faut pas non plus s'inquiéter si des sensations étranges et des idées absurdes viennent à l'esprit, qui ne semblent pas correspondre à la personnalité du consultant ou de ce que l'on avait cru comprendre de lui lors du premier contact. En effet, il ne faut pas oublier que la lecture des lames se réfère à une période assez lointaine (six mois, un an ou trois ans, par exemple), la situation peut donc se modifier, la personnalité du consultant peut changer, et des choses ou des événements pouvant paraître absurdes au consultant au moment de la lecture des lames ne le seront plus au moment où ils se réaliseront. Le cartomancien ne doit donc pas penser qu'il s'est trompé, lorsque les faits qu'il lit dans les cartes lui paraissent invraisemblables.

Il est également préférable, surtout au début, de lire les cartes à des personnes que l'on ne connaît pas, plutôt qu'à des amis ou à des membres de notre famille, car on serait alors influencé lors de la lecture par ce que l'on sait déjà sur le consultant.

Il ne faut pas tirer les cartes pendant une fête ou une soirée; la confusion et le bruit empêchent de se concentrer et, par désir de s'exhiber, on finit par inventer quelque chose ou par capter les pensées de personnes voisines en les prenant pour siennes.

Une fois la divination terminée, il est recommandé au cartomancien de garder le silence pendant quelques dizaines de secondes, puis de conclure la séance en remerciant les lames. Pour bien réussir la divination, il est particulièrement conseillé d'observer le rituel indiqué ci-dessus, mais le cartomancien peut éventuellement le modifier en fonction de ses besoins, l'important étant d'atteindre l'objectif que l'on s'est fixé. Ce rituel n'est toutefois pas indispensable pour effectuer la divination, un cartomancien expérimenté peut même très bien s'en passer; il est cependant très utile lorsque l'on ne se sent pas sûr de soi ou que l'on pratique la cartomancie depuis peu de temps.

CONSEILS GENERAUX

- Ne pas tirer les cartes à la première demande, il est préférable de se faire prier. Cela sert à placer le cartomancien dans une position de supériorité.
- Les lames doivent être coupées et choisies de la main gauche, celle de l'intuition.
- Il est conseillé au cartomancien de pratiquer la divination chez lui, car il sera plus sûr de lui s'il se trouve dans un décor qui lui est familier.
- Pour recevoir le consultant le mieux possible, le cartomancien devrait placer sa main gauche dans la main droite de celui-ci pendant quelques minutes. La main gauche reçoit en effet les vibrations, tandis que la droite les émet. Pour avoir recours à ce système, il est néces-

saire que le cartomancien et le consultant se connaissent déjà un peu.

- Faire asseoir le consultant à gauche du cartomancien, de façon que le bras gauche (de l'intuition) de ce dernier, destiné à recevoir les messages, se trouve à proximité du bras droit (de la raison) du consultant.
- Faire brûler, avant et pendant la divination, un nombre impair de bâtonnets d'encens: un ou trois. L'encens dilate l'esprit.
- Pendant la divination, le voyant peut appuyer ses mains contre ses tempes, ce qui lui permet de placer sa tête dans un champ magnétique (main droite pôle positif, main gauche pôle négatif).
- Préparer souvent les lames: cela favorise le développement des facultés paranormales.
- Ne pas pratiquer la divination en disposant les lames sur des surfaces réfléchissantes.
- Ne pas pratiquer la divination au soleil.
- Ne pas porter sur soi d'objets métalliques, sauf s'il s'agit de bijoux en or ou en argent.

LES FORMES DE PENSEE AMBIANTES ET LEURS INTERFERENCES

Il peut arriver que le cartomancien capte des messages, des sensations, n'ayant rien à voir avec le consultant, mais qui sont seulement des formes de pensée flottant dans l'air ambiant.

Comment donc éviter cet inconvénient qui pourrait conduire à une interprétation erronée des lames.

En premier lieu, il convient de toujours effectuer la divination dans un milieu familier, et, si possible, toujours dans la même pièce, afin que celle-ci soit imprégnée de l'essence et des pensées du voyant. Une autre solution consiste à faire pratiquer une purification magique (bénédiction d'un prêtre). On peut aussi, et c'est le procédé le plus simple, créer un cercle magique... délimitant l'espace dans lequel se trouvent à la fois le voyant et le consultant.

Ce cercle peut être dessiné par terre de façon permanente, mais, dans ce cas, il faut pouvoir disposer d'un endroit approprié, ce qui n'est pas toujours possible. Il suffit alors de le tracer avec la pensée, en se concentrant et en effectuant des exercices de respiration profonde pendant quelques instants. Pour tracer le cercle avec la pensée, on partira du nord et, en se déplaçant dans le sens des aiguilles d'une montre, on dessinera mentalement une circonférence qui passera derrière les épaules du cartomancien et du consultant et se renfermera au nord.

ANIMAUX PRESENTS SUR LE LIEU DE LA DIVINATION

Dans la pièce où se déroule la divination, aucun animal ne doit être présent, pas même un chien, et encore moins un chat. Rappelons que les animaux possèdent un corps astral et donc une âme, aussi peuvent-ils avoir une influence directe et être utilisés par des entités ou des formes de pensée exploitant les énergies biopsychiques de leur corps.

Certains pourront objecter que de nombreux voyants s'entourent de leur chat, leur chien ou autre animal domestique, mais dans ce cas c'est parce qu'ils ont acquis un certain type de connaissances leur permettant d'utiliser les animaux pour catalyser les énergies.

Si l'on ne possède pas ce type de connaissances, il est conseillé de ne pas effectuer la divination en présence d'animaux.

SEANCES DE SPIRITISME ET CARTOMANCIE

Il est possible de pratiquer la cartomancie au cours

d'une séance de spiritisme. Dans ce cas, c'est l'entité qui devra indiquer (par l'intermédiaire du médium ou avec la tablette) les lames devant être disposées, droites ou renversées, sur la table. L'entité offre, en outre, sa propre interprétation du jeu. Cette technique ne doit toutefois être adoptée que par les personnes qui sont déjà familiarisées à la pratique des évocations au cours des séances de spiritisme.

KARMA ET LIBRE ARBITRE

Chacun de nous doit se soumettre à un destin qui lui est propre, c'est-à-dire au karma. A chaque action correspond une réaction; ainsi, nous choisissons le destin et donc les événements que nous devrons subir pour réparer les fautes commises dans notre vie précédente et, en partie, dans celle-ci.

Rattachons ce raisonnement à la voyance et précisons que, outre le karma, il existe également le libre arbitre qui permet à l'homme de réparer, en toute liberté de choix, les fautes commises. L'homme peut ainsi intervenir sur son destin, surtout en ce qui concerne les événements peu importants.

Le cartomancien ne doit donc jamais prédire de graves malheurs, parce que le consultant pourrait modifier son destin (même si c'est très rare car il devrait se repentir et bouleverser de fond en comble son mode de vie). N'oublions pas d'autre part que, sur le plan spirituel, le hasard n'existe pas, et si le consultant est venu consulter un cartomancien et interroger le Tarot en lui donnant de bons conseils, on peut l'amener à une résipiscence.

De plus, il est préférable que le consultant puisse croire que le cartomancien s'est trompé plutôt que de lui prédire une vérité tragique, ne serait-ce que parce que, de son côté, le voyant n'est jamais totalement certain d'avoir raison. Si le cartomancien commettait ce type d'erreur, il conditionnerait le consultant et créerait en lui de véritables troubles, aussi bien psychiques que physiques.

IMAGINATION ET DISCERNEMENT

Pour pratiquer la divination, il est important que le voyant soit doté d'un esprit imaginatif. Les personnes ayant beaucoup d'imagination sont certainement plus douées pour la cartomancie que celles en possédant peu; dans ce domaine, les femmes sont avantagées (la cartomancie et les "mancies" d'une façon générale sont l'apanage du sexe féminin). Il est important de laisser libre cours à ses pensées, surtout celles qui sont figuratives, autrement dit, celles qui constituent de véritables visions mentales.

L'imagination doit cependant être associée à la raison, sinon le cartomancien risque fort de s'égarer. Il faut raisonner sur chacune des pensées avec un peu de logique, faute de quoi le cartomancien pourrait extérioriser des pensées errantes, des craintes du consultant ou même des craintes qui lui sont propres à un niveau inconscient.

Comment parvenir à un juste équilibre entre l'imagination et la raison? En ayant recours au discernement. Si le cartomancien fait également preuve de discernement, il lui arrive de se rapprocher de la vérité: seul ce type de réflexion approfondie permet de distinguer les pensées appartenant au cartomancien de celles du consultant, et de comprendre que les craintes qu'il capte sont étrangères au processus de divination.

Atteindre un bon niveau de discernement requiert beaucoup d'expérience et exige une attention soutenue de la part du cartomancien pour apprendre à capter la sorte de voix intérieure qui l'avertit lorsqu'il parvient à une interprétation correcte.

EDIFICATION

Lors des divinations, il existe presque toujours un lien entre les lames qui sont sorties et ont été disposées selon le système choisi et les lames voisines. Ce phénomène s'appelle l'édification.

C'est le cartomancien qui, avant d'effectuer la divination, en suivant son intuition et en utilisant ses facultés paranormales, décide, par exemple, que la première et la seconde lames sorties sont liées entre elles et doivent être interprétées ensemble, et que la cinquième et la sixième concernent la même situation.

Le cartomancien doit également décider de l'influence qu'exercent les lames sur leurs voisines immédiates. Les lames positives influent sur la signification des cartes négatives qui les entourent et *vice versa*. Aussi, si le cartomancien a une carte négative, il devra observer si la lame se trouvant à côté est positive, ce qui modifierait la signification de la lame négative. Si, par exemple, les lames choisies sont les suivantes:

la Roue de Fortune droite – la Maison-Dieu renversée – l'Etoile droite

On peut donner ces deux interprétations:

1. L'Arcane de l'Etoile, très positif, et celui de la Roue de Fortune, positif également, influent sur la lame de la Maison-Dieu renversée et atténuent le sens profondément négatif de son contenu.
2. L'Arcane de la Maison-Dieu renversée exerce une influence négative sur les lames de la Roue de Fortune et l'Etoile en réduisant considérablement leur signification positive.

L'édification que l'on réalise avant la divination est donc très importante. Chaque lame peut, en effet, avoir de très nombreuses significations dont certaines n'ont qu'un rapport assez éloigné avec la signification traditionnelle de l'Arcane. On remarquera donc que l'édification peut modifier le sens des lames et qu'une interprétation erronée des diverses influences peut fausser complètement le sens de la divination. Beaucoup de divinations se révèlent inexactes en raison d'erreurs de ce type.

LA DIVINATION PERSONNELLE

Le cartomancien ne devrait jamais effectuer de divinations pour lui-même. Dans le domaine de l'occultisme il ne faut jamais manifester le moindre intérêt personnel, et c'est encore plus vrai pour la cartomancie où le moyen de communication entre conscient et inconscient est fourni par des symboles ésotériques aussi importants que les Tarots.

Lorsqu'un voyant pratique la divination pour lui-même, les Tarots, grâce à leur pouvoir magique, peuvent exercer des influences négatives sur sa personne. L'utilisation répétée des cartes permettent à celles-ci de s'imprégner de l'essence psychique du cartomancien de sorte qu'elles deviennent une partie de lui-même, elles se transforment en un petit réservoir de sa psyché. C'est justement pour cette raison qu'elles ne doivent pas entrer en résonnance avec les vibrations de la divination personnelle. Grâce à la parfaite harmonie qui unit les lames au voyant, à chaque fois que ce dernier pratiquera la divination pour d'autres personnes, les cartes entrées en vibration avec lui continueront à fournir la divination pour lui-même et non pour le consultant, parce que la force d'attraction sera alors orientée vers la source d'énergie la plus chargée.

S'il est positif que les lames soient toujours le plus imprégnées possible de l'essence psychique du cartomancien, elles ne doivent cependant pas être contaminées par les forces du destin de celui-ci, sinon il engendre une harmonie divinatoire personnelle produisant un effet opposé à celui qui est recherché.

Prenons par exemple le cas du pranothérapeute: il peut soigner les autres et envoyer le prânâ, mais ne peut pas l'utiliser pour lui–même, parce qu'il n'est qu'un intermédiaire entre un grand réservoir, où il puise le prânâ, et le sujet à soigner qui constitue en quelque sorte un petit réservoir.

Les Tarots ne sont qu'un moyen (un intermédiaire) permettant de relier l'esprit du cartomancien à celui du consultant. Si la divination est dirigée vers soi-même, les cartes ne peuvent plus servir d'intermédiaire, car il manque le deuxième réservoir, à savoir le consultant. Quoi qu'il en soit, il est toujours très difficile de prédire son propre avenir, parce que lorsque l'on se trouve au centre de l'attention, on se laisse influencer par ses propres désirs et ses propres craintes.

Pour prédire le futur correctement, il faut toujours agir avec une certaine indifférence. Il est rare que les chirurgiens opèrent les membres de leur famille, et c'est précisément parce que le lien affectif les unissant à leurs proches entraînerait une certaine participation émotive de leur part, ce qui pourrait entraver le bon déroulement de l'intervention.

Ceci est valable également pour la plupart des grands voyants qui, tout en ayant prédit à la perfection l'avenir des autres, se trompèrent totalement à leur sujet. Nostradamus lui-même ne sut pas prédire la date de sa propre mort qui se produisit en juillet 1566 et non en novembre 1567.

Certains systèmes divinatoires peuvent être utilisés dans un but personnel; c'est le cas notamment du *Livre des Transformations*, appelé aussi *I Ching* et attribué à l'empereur chinois Fo-Hi. Le système du *Livre des Transformations* se base sur un code qui synthétise un livre philosophique; dans cet ouvrage, la prédiction concerne uniquement celui qui le consulte et c'est une excellente méthode de divination personnelle.

Le livre des Transformations ne sert pas tant à prédire l'avenir qu'à dispenser de sages conseils, lesquels, s'ils sont suivis peuvent transformer un événement sur le point de se produire, en raison de la modification de notre comportement. S'il est possible de s'en servir à des fins personnelles, c'est justement parce qu'il ne prédit pas, mais qu'il conseille.

ETATS ALTERES DE CONSCIENCE ET TRANSE LUCIDE

L'homme, lorsqu'il vit en état de veille, utilise normalement la partie consciente de son être. Il existe toutefois en lui une autre partie qu'il ne connaît pas pouvant être comparée à un grand réservoir et qui est appelé "inconscient personnel".

Dans l'inconscient personnel, il existe des milliers d'informations, d'appréhensions, de souvenirs. En apprenant à utiliser une petite partie de cet immense stock qui fait partie de lui-même l'homme peut améliorer toutes ses aptitudes. L'inconscient personnel est le siège où se développent les facultés extra-sensorielles et paranormales, et même la mémoire; réussir à exploiter cette sorte de réservoir, c'est approfondir la connaissance de soi.

En pénétrant dans l'inconscient personnel, on peut atteindre l'état de transe. Il existe différents degrés de transe: plus l'on descend dans l'inconscient, plus la transe est profonde. On commence toujours par se décontracter profondément jusqu'à atteindre un état de transe légère. Cela équivaut à une anesthésie superficielle. Le stade suivant est celui de la transe moyenne, où l'on s'enfonce plus encore dans l'inconscient personnel. On trouve enfin la transe profonde qui permet à certaines personnes de planer dans la cinquième dimension, hors du temps et de l'espace.

Pendant la transe profonde, le sujet peut même ouvrir les yeux sans que cela modifie son état; dans ce cas (s'il s'agit d'hypnose), le magnétiseur pourra déclencher en lui des hallucinations sensorielles.

L'état de transe peut être obtenu non seulement par l'hypnose et l'auto-hypnose, mais également par la méditation, la recherche intérieure, l'exaltation mystique et spirituelle.

Que recouvre, en revanche, la notion de "transe lucide"? La transe lucide est l'un des différents types de transe (bien qu'il soit difficile d'établir un classement dans ce domaine), au cours de laquelle le sujet, ou médium, entre dans un état altéré de conscience tout en restant apparemment dans l'état de veille. Cela signifie qu'aucune des personnes présentes ne parvient à distinguer si le sujet est dant l'état de veille ou s'il est en transe.

En hypnose, tout cela est démontrable, tant il est vrai que les sujets qui effectuent des actions déterminées, conditionnées *a priori* par le commandement post-hypnotique, semblent être parfaitement conscientes, et elles le sont d'ailleurs en partie, parce que leur inconscient est en fait prêt à exécuter un ordre qui a déjà été programmé *a priori*.

Un sujet en transe lucide peut exploiter ses facultés paranormales et son cortex cérébral émet des ondes de rythme alpha (celles qui caractérisent le sommeil léger). Il est important pour un cartomancien de se trouver dans cet état, lorsqu'il consulte les lames disposées devant lui, l'avantage étant que les personnes présentes ne se rendent pas compte qu'il est en transe.

COMMENT ATTEINDRE L'ETAT DE TRANSE LUCIDE?

Chacun utilise un système qui lui est propre. La plupart du temps, il suffit de penser que l'on veut recourir à une certaine faculté paranormale pour que tout se déclenche automatiquement; les lames étalées sur la table font elles-mêmes en sorte de provoquer cet état de transe.

En ce qui nous concerne, nous essaierons d'utiliser une technique d'autosuggestion programmée, de façon que chacun parvienne de son côté à programmer en lui cet état de transe. En premier lieu, il faut choisir un certain symbole, une certaine action, un mot particulier que nous sommes seuls à connaître. Comme symbole, on peut choisir les lames elles-mêmes, comme action, le fait de mélanger les cartes, comme mot son propre nom, en le masquant, par exemple, à travers une anagramme.

Ensuite, il faut effectuer le reste des préparatifs, en s'isolant dans une pièce (pour créer l'atmosphère habituelle), puis se détendre; à cet effet, on pratique pendant au moins cinq minutes des exercices de respiration profonde, les yeux fermés; on se décontracte totalement en se concentrant sur toutes les parties de son corps, jusqu'à ce qu'on le sente s'alourdir ou même jusqu'à ne plus le sentir du tout. A ce stade, on imagine que l'on est dans une belle prairie et l'on visualise tous les détails, en se concentrant sur les couleurs, les sons, les odeurs; il faut atteindre la sensation du rêve. Lorsque l'on sent dans cet état, on répète mentalement une phrase (que l'on aura préalablement écrite sur une feuille de papier), par exemple: "dorénavant, à chaque fois que tu t'assiéras devant une table pour pratiquer la cartomancie (ou à chaque fois que tu prononceras la parole 'rota'; ou bien, à chaque fois que tu toucheras trois fois de suite le jeu de Tarot, etc.), tu entreras automatiquement dans un état de relaxation profonde, tu seras plus détendu que tu ne l'es actuellement; tout en gardant les yeux ouverts et en donnant l'impression d'être complètement éveillé, tu seras parfaitement détendu et pourras te servir de toutes tes facultés inconscientes".

Cet exercice doit être répété pendant au moins trois jours consécutifs, puis une fois tous les trois jours, pendant au moins un mois.

LA BASE DE L'EDIFICATION

Les Arcanes intéroréceptifs (intérieurs)

Ce sont les Tarots sur lesquels les figures se déplacent de la droite vers la gauche, c'est-à-dire vers l'intérieur.

Ils symbolisent l'intériorité, l'action tournée vers les forces intérieures. Ce sont les Arcanes: II – la Papesse; IIII – l'Empereur; VIII – l'Ermite; XIII – la Mort; XVII – L'Etoile et XVIII – la Lune.

Les Arcanes extéroréceptifs (extérieurs)

Ce sont les Tarots sur lesquels les figures se déplacent de la gauche vers la droite, c'est-à-dire vers l'extérieur.

Ils représentent l'extériorité, l'action tournée vers les forces extérieures. Ce sont les Arcanes: V – la Pape; XI – la Force; XXI – le Monde et O – le Fou.

Les Arcanes dynamiques (en mouvement)

Ce sont les Tarots qui sont caractérisés par un mouvement.

Ces lames représentent les changements, le dynamisme, les voyages aussi bien positifs que négatifs (cela dépend de la position de la carte). Ce sont les lames Arcanes: VII – le Chariot; X – la Roue de Fortune et XXI – le Monde.

Les Arcanes statiques (inactifs)

Ce sont les Tarots qui symbolisent un équilibre, un passage d'énergie sans altération. Ils peuvent représenter une situation bloquée, ou bien la constance, ou encore un choix à concrétiser. Ce sont les Arcanes: VI – l'Amoureux; VIII – la Justice et XIIII – la Tempérance.

Les Arcanes de la chance (favorables)

Ce sont les lames qui, lorsqu'elles sont droites, indiquent des périodes positives et des événements favorables; elles atténuent l'influence négative que peuvent avoir les lames voisines.

Arcanes X – *la Roue de Fortune*. Lame qui annonce la richesse matérielle, par exemple des rentrées d'argent inattendues. Elle indique une période bénéfique, mais de courte durée.

Arcane XVII – *l'Etoile*. Lame qui annonce une chance plus durable et, en particulier, des satisfactions personnelles et un grand bonheur intérieur.

Arcane XVIIII – *le Soleil*. Lame extrêmement positive. Elle symbolise la chance en amour, une union durable, l'épanouissement spirituel.

Arcane XXI – *le Monde*. Lame très positive qui représente la chance, l'épanouissement durable, la résolution de tous les problèmes.

Les Arcanes néfastes (défavorables)

Les Arcanes revêtent une valeur extrêmement négative, lorsqu'ils se présentent renversés, mais certains sont également porteurs de mauvais présages lorsqu'ils sont droits.

Arcane XVI – *la Maison-Dieu*. C'est la lame la plus négative des Tarots; elle annule la signification positive ou accroît le sens négatif des lames voisines.

Arcane XV – *le Diable*. Lame négative qui annonce, d'une façon générale, la cruauté, la haine, les bas instincts.

En ce qui concerne l'Arcane XIII, *la Mort*, elle n'est négative que si elle apparaît renversée et qu'elle se trouve à côté d'autres lames négatives, et plus particulièrement la Maison-Dieu renversée et le Chariot renversé.

Les Arcanes des maléfices (négatifs)

Ce sont les lames qui se présentent renversées et qui, si elles sont placées l'une à côté de l'autre, peuvent indiquer que quelqu'un a jeté un maléfice (sortilège, envoûtement, etc.).

Les principaux Tarots ayant cette signification sont: l'Arcane XV – le Diable; l'Arcane O – le Fou; l'Arcane XVIII – la Lune.

Cette situation fortement négative se présente lorsque ces lames se trouvent l'une à côté de l'autre et que le Pendu, la Maison-Dieu et l'Ermite sortent également au cours de la divination.

LA SIGNIFICATION DIVINATOIRE DES ARCANES MAJEURS

Nous allons maintenant passer à l'interprétation divinatoire des Arcanes majeurs. Toutefois précisons auparavant que la signification de la lame ne doit pas être prise à la lettre, car elle n'a de valeur qu'en tant que suggestion. Pendant la lecture, l'esprit du cartomancien doit laisser libre cours à toutes ses impulsions, qu'elles soient conscientes ou inconscientes.

I. LE BATELEUR

Lame droite: elle représente le consultant, si c'est un homme jeune, ou bien un jeune garçon ou un enfant. C'est une lame positive qui symbolise la ruse, la force de caractère, la détermination, l'adresse, la force de volonté, la finesse diplomatique, l'éloquence, l'art de convaincre, l'habileté dans les affaires.

Lame renversée: elle symbolise l'homme faible, incapable de prendre la moindre initiative, avare et mesquin, intrigant et malhonnête, qui exploite la crédulité d'autrui. Pour une femme, cela peut signifier la fin d'une amitié masculine ou la découverte de côtés négatifs chez son partenaire. Politicien, charlatan, personne dénuée de tous scrupules. Homme d'âge mûr ayant un comportement infantile.

II. LA PAPESSE

Lame droite: elle représente la consultante si c'est une femme, et, si c'est un homme, la femme avec laquelle il entretiendra un rapport d'amour ou d'amitié, profond dans les deux cas. C'est une lame qui symbolise également la sagesse, l'équilibre, la sérénité, l'harmonie, qui est favorable à la famille, à la maison, au mariage, aux enfants (si une grossesse est en cours, ce sera une fille). Réserve, discrétion, silence, foi, patience, sentiment religieux, résignation.

Lame renversée: elle peut annoncer une rupture sentimentale, représenter une femme cruelle et médisante, hypocrite, superficielle, médiocre et présomptueuse. Si la consultante est une femme, cela peut indiquer son incapacité à s'accepter, ou encore une rivale ou une ennemie. Perte d'argent. Trahison.

III. L'IMPERATRICE

Lame droite: intelligence, richesse intérieure, pureté; la consultante est une femme très forte aussi bien physiquement que psychologiquement; action entreprise avec détermination qui est couronnée de succès. Cette lame peut également annoncer une action entreprise avec courage et fermeté d'esprit. Elle peut aussi représenter une amie, une amante, une femme ayant beaucoup de charme. Pour un homme, elle peut indiquer la rencontre d'une femme qui va énormément compter dans sa vie. Fertilité, progrès, évolution féminine, élégance, distinction, courtoisie, grossesse.

Lame renversée: avarice, manque de générosité, action entreprise et ratée ou difficile à mener à bien. Apathie, incertitude, indécision, paresse mentale, égarement, timidité. Femme hypocrite et hostile, stérilité, trahison, coquetterie, frivolité, mépris.

IIII. L'EMPEREUR

Lame droite: force, pouvoir, succès. Elle représente un homme qui, grâce à son intelligence et à sa force, a atteint le but qu'il s'était fixé et connaît le succès. Cette lame indique la maîtrise de soi, la constance, l'autorité, l'aptitude au commandement, le dévouement au travail, la volonté, le bien-être, la richesse. Pour une femme, elle peut annoncer la rencontre d'un homme très important qui l'aidera dans son travail ou dans ses affaires. Cet Arcane peut représenter un père, un frère aîné, un mari, un protecteur puissant.

Lame renversée: faiblesse de caractère, inefficacité, cruauté, impossibilité de s'imposer aux autres. Elle peut représenter un homme brutal, un tyran voulant s'imposer à tout prix. Mauvaise santé physique, manque de force physique et morale, entêtement, risque d'insuccès.

V. LE PAPE

Lame droite: sagesse, discrétion, autorité morale, bienveillance, clémence, humilité, bonté, pardon. Elle peut indiquer la qualité d'une personne et, dans ce cas, il faut regarder à quelle autre lame elle se réfère. Elle peut aussi représenter un homme influent, très compréhensif, doté d'une très grande force morale, capable de donner de bons conseils, d'évaluer une situation difficile en suivant son intuition.

Lame renversée: incapacité de comprendre autrui, paresse, intolérance, avarice, mesquinerie, un obstacle, une médisance, un homme hypocrite et acariâtre. Cette lame peut annoncer une réponse négative à une question. Incapacité de pardonner. Vieilles rancœurs. Perte de la foi.

VI. L'AMOUREUX

Lame droite: elle annonce qu'un choix difficile doit être fait. Elle invite à écouter les intuitions quand elles viennent du plus profond de l'être et à suivre le chemin qu'elles indiquent. Elle symbolise également l'honnêteté, la sincérité, la confiance. Elle annonce le début d'un amour qui n'est pas encore bien défini et comporte de nombreuses incertitudes. Ou encore une décision à prendre avec discernement parce qu'elle aura des répercussions sur la vie future.

Lame renversée: un amour qui n'est pas réciproque ou des chagrins sentimentaux. Une mauvaise décision qui nuit à une amitié. Tentative infructueuse, séparation momentanée, frustrations en amour et dans la vie matrimoniale.

Inconstance, hypocrisie, projets mis en œuvre avec légèreté ou choix reporté. Cette lame peut aussi annoncer une dépression nerveuse, une tendance aux larmes et à l'abattement.

VII. LE CHARIOT

Lame droite: capacité de juger avec fermeté, de surmonter les obstacles; un voyage, un déplacement, une personne de talent ayant l'esprit d'initiative. Succès, avancement dans la carrière, réussite, capacité. Un projet qui se réalise facilement, une aide inattendue qui sert à résoudre un problème. Ambition.

Lame renversée: un voyage reporté, l'incapacité de prendre ses responsabilités, un obstacle insurmontable, une dispute, un manque de talent. Un homme qui nous met des bâtons dans les roues ou une personne dont on attendait de l'aide et qui n'en apporte pas. Déplacements négatifs dans le cadre du travail, affaires qui vont mal. Frustrations sur le plan professionnel.

VIII. LA JUSTICE

Lame droite: une victoire, une cause gagnée. Honnêteté, impartialité, discipline, organisation, adaptation aux nécessités, équilibre universel, méthode, exactitude, rythme de vie, fermeté d'opinion et de propos, harmonie. Cette carte peut également représenter une personne équilibrée, positive, qui peut aider à résoudre un problème, un homme de loi, un gestionnaire, un dirigeant. En ce qui concerne la santé, elle indique un bon équilibre psychophysique, la capacité de contrôler nos forces intérieures.

Lame renversée: soumission, passivité, une injustice subie, un procès, une dispute, un litige, des problèmes judiciaires, des ennuis, exploitation d'une affaire par des hommes de loi, une dette à payer, un subalterne qui se contente d'obéir mais n'est pas capable de prendre la moindre initiative, désordre moral, incorrection, abus, fausses accusations.

VIIII. L'ERMITE

Lame droite: elle annonce un bon conseil, une initiative qui sera couronnée de succès. Elle représente aussi une personne âgée, très sage, capable de voir la vérité, même lorsqu'elle est dissimulée. Cela peut être un ami fidèle, souvent c'est notre père ou un homme qui nous encadre, parfois un médecin ou un guérisseur. Cette lame symbolise le détachement vis-à-vis des choses matérielles, l'absence d'inhibitions et de frivolité, les qualités morales et spirituelles, la continence, la tendance à l'isolement, à la réflexion, à la méditation, le désir de la recherche intérieure. Personne solitaire, repliée sur elle-même, qui ne manifeste pas ses sentiments, dépositaire de secrets.

Lame renversée: une période de tristesse, de solitude, d'abandon de la part de nos amis. Lassitude morale et confusion intérieure, incapacité de prendre des décisions tout seul. Timidité, misanthropie, mutisme, immaturité, associabilité. Un conseil erroné, un secret dévoilé, une personne en laquelle nous avions confiance et qui nous a déçu, une personne qui ne veut pas et ne peut nous aider, un père peu compréhensif.

Sur le plan de la santé, cette lame indique des rhumatismes, de l'arthrose et des calculs.

X. LA ROUE DE FORTUNE

Lame droite: c'est une lame bénéfique qui symbolise la chance, le succès, la réalisation de projets, l'esprit d'initiative, l'imagination, un changement heureux, la spontanéité, le sens de l'invention, la sympathie, la bonne humeur. Elle peut également annoncer un gain au jeu ou un héritage, des changements positifs ou négatifs, des événements inattendus, le début d'une nouvelle période de chance. Si elle se trouve à côté de lames négatives, elle atténue en partie les mauvais présages qu'elles contiennent.

Lame renversée: malchance, obstacle empêchant la réalisation d'un projet, période de stagnation, interruption d'un cycle, entreprise risquée, insécurité. Position instable, perte et gains, rentrée d'argent passagère, mauvaises spéculations, négligence et laisser-aller dans les affaires. En ce qui concerne la santé, cette lame indique des troubles du système neuro-végétatif (foie-intestin) ou de la circulation.

XI. LA FORCE

Lame droite: elle symbolise la force, la volonté, la détermination, la prédominance de l'intelligence sur la brutalité, la maîtrise des instincts et des passions, la domination de soi. Elle indique également la confiance en soi, le courage et la capacité d'affronter les problèmes et les adversités et d'aider les autres, le calme, la vertu, la sagesse, la résolution, le défi, le zèle, la ferveur, la force physique, la conquête, l'héroïsme, la virilité, le triomphe de l'amour sur la haine, la libération. Elle peut représenter une femme influente susceptible de nous aider.

Lame renversée: incapacité de prendre des initiatives, absence de force morale, faiblesse physique et spirituelle, égoïsme, irascibilité, impatience, ardeur démesurée; cette lame peut représenter une personne insensible et parfois cruelle. Lutte, guerre, conquête violente, discorde, tyrannie, dureté de cœur. Elle peut également indiquer une maladie.

XII. LE PENDU

Lame droite: bouleversement de la situation actuelle à la suite d'une action ou d'une décision, changement radical dans la vie du consultant qui peut paraître négatif, mais qui ne l'est pas. Désintéressement, effacement de soi, dévotion, soumission au devoir, philanthropie. Cette lame peut représenter une personne ayant beaucoup d'idéaux et prête à se sacrifier pour les atteindre.

Lame renversée: période de stagnation, retard accumulé, obstacle empêchant de mener à bien une opération, projet irréalisable, sacrifice excessif, idéalisme se transformant en utopie. Cette lame peut représenter une personne ayant tendance à trop rêver. Elle symbolise aussi la générosité immodérée, le gâchis, le manque d'esprit de sacrifice, le culte de soi, les promesses non tenues, l'exploitation des bons sentiments, les pertes. Elle indique parfois un amour qui n'est pas réciproque.

XIII. LA MORT

Lame droite: elle peut représenter un changement dans le travail, dans la vie sentimentale ou dans la vie spirituelle du consultant, un moment de transition, d'évolution, le fin d'une vieille situation, d'une amitié ou d'une relation qui s'oppose à notre évolution, la naissance d'une nouvelle vie. Elle symbolise rarement la mort, sauf si elle est entourée de cartes fortement négatives. Elle indique en tout cas toujours un grand changement.

Lame renversée: elle annonce un deuil, un accident, des périodes de tristesse et de déprime, des idées négatives qui nous influencent, des projets contrariés qui ne peuvent se réaliser. Manque de confiance en soi, incapacité de s'adapter à une situation ou de changer sa vie, incapacité d'accepter le destin, angoisse, attitude passive, pessimisme, changements partiels. Transformations négatives.

XIIII. LA TEMPERANCE

Lame droite: mise en œuvre assidue d'une entreprise

difficile même si le résultat est incertain, moment de grande harmonie entre le consultant, le milieu dans lequel il vit et les personnes qui l'entourent. Cette lame indique un caractère conciliant et pragmatique, l'acceptation des événements, l'adaptation aux circonstances, la sincérité, la prudence, la patience, la confiance et la sérénité, le calme, la santé, la vitalité.

Lame renversée: désaccord entre deux personnes proches l'une de l'autre, moments d'incompréhension, de tension. Avarice, égoïsme, fermeture d'esprit, apathie, instabilité, changement mal vécu, passivité, résignation, désintéressement, manque de personnalité, versatilité, soumission aux préjugés.

XV. LE DIABLE

Lame droite: attraction sexuelle, désirs passionnés, ascendant sur les masses, influence sur l'opinion d'autrui. Cette lame peut représenter une personne dotée d'un grand magnétisme et orientée vers le matérialisme ou encore une personne éloquente. Moments où se libèrent les forces de l'inconscient, événements inattendus, domination des masses. Esclavage, chute, malveillance, traumatisme, fatalité. Cette lame indique parfois un danger. Dans d'autres cas, elle symbolise le début d'une communication spirituelle.

Lame renversée: il s'agit d'un avertissement qui doit être pris au sérieux; cette lame peut, en effet, annoncer des accidents, des dangers d'ordre physique et psychique, des maladies des reins ou des organes génitaux. Elle symbolise un déchaînement d'énergies pouvant provoquer des troubles nerveux. Luxure, perversion, intempérance, rapport basé uniquement sur l'attraction sexuelle. Désobéissance, bouleversements sociaux, rébellions.

XVI. LA MAISON-DIEU

Lame droite: écroulement des ambitions et des illusions de celui qui a visé trop haut, rupture d'une longue amitié, crise nécessaire et salutaire, déception, échec, grave obstacle s'opposant à la réalisation de nos projets. Cette lame peut aussi annoncer une maladie, un accident, un licenciement, un vol. Elle avertit qu'il ne faut pas être trop ambitieux, qu'il faut être réaliste.

Lame renversée: c'est une lame très négative, surtout si elle est associée à d'autres cartes négatives. Elle annonce un grave danger, un accident, une maladie grave, une catastrophe provoquée par l'imprudence, des scandales dissimulés. Elle peut indiquer la rupture définitive d'une relation amoureuse ou d'un contrat de travail, une dispute violente, l'échec mérité d'une entreprise insensée, un comportement haineux, la punition d'une faute commise, le châtiment de l'orgueil et de la présomption.

XVII. L'ETOILE

Lame droite: c'est un Arcane bénéfique qui annonce le bonheur, le succès, l'espoir. Notre bonne étoile va intervenir au moment où nous en aurons besoin. C'est un moment favorable, propice à notre réussite, à la réalisation de nos rêves, à la concrétisation de nos idéaux. La signification de cette lame est si positive qu'elle atténue le sens négatif des lames environnantes. Elle invite à garder espoir, à avoir la foi, à se rapprocher de la nature. Elle indique aussi l'épanouissement poétique, la candeur, la confiance en l'avenir, les pressentiments, les rêves, la bonté, la pitié, la sensibilité, la tendresse, le charme, la beauté, l'optimisme. Elle représente parfois une femme sincère, altruiste, qui offre son aide.

Lame renversée: dévergondage, impudeur, conduite immorale, libertinage, manque de sens pratique, manque de sincérité, faiblesse physique et spirituelle, moment difficile, manque de spontanéité, rêveries, divagations, pessimisme, malchance, solitude, abandon.

XVIII. LA LUNE

Lame droite: elle symbolise l'imagination, l'intuition, les rêves prémonitoires, le sens du mystère, les pressentiments. Mécontentement, esprit d'indécision, ennemis cachés et dangers latents. Moments de réflexion, émergence de l'inconscient, épisodes oubliés, retour du passé, rencontres avec de vieilles connaissances. Bizarreries, extravagances, voyages en mer, grossesse, superficialité.

Lame renversée: rêves ou intuitions trompeuses, mauvais amis, secrets dévoilés, souvenirs pesant sur la conscience, rêveries dangereuses, préjugés. Cette lame nous incite à ne pas nous fier seulement à notre instinct, mais à garder les pieds sur terre. Pièges, embûches, fausses suppositions, mouvements d'humeur, versatilité, hypocrisie. Sur le plan de la santé, elle indique les rhumatismes, la cellulite, les hallucinations.

XVIIII. LE SOLEIL

Lame droite: Arcane extrêmement bénéfique qui symbolise l'amour, le bonheur, l'harmonie, la paix, les associations heureuses, aussi bien sur le plan sentimental que professionnel. Elle indique la réussite des projets entrepris, le talent littéraire et artistique, la gloire, la célébrité. Bonheur conjugal, mariage, sérénité durable, sentiments altruistes, bonne humeur, chaleur, sincérité. Capacité d'accepter la vie comme elle vient, prédisposition au bonheur. Excellente santé, guérison, situations favorables.

Lame renversée: absence de bonheur, d'harmonie, disputes entre conjoints et entre amis. Exhibitionnisme, susceptibilité, mensonge, vanité, amour-propre. Rupture probable d'un mariage ou de fiançailles, solitude, incompréhension. En ce qui concerne la santé, cette lame indique les troubles oculaires et cardiaques.

XX. LE JUGEMENT

Lame droite: elle symbolise la renaissance, le réveil spirituel, le renouvellement psychologique, les changements positifs. Besoin de se repentir et de pardonner. Meilleurs sentiments à l'égard d'autrui, possibilité de subir une injustice dont on sera dédommagé. Honnêteté vis-à-vis de soi-même, propagande, prophétisme, apostolat. Résolution positive d'un problème. Si le Tarot doit répondre à une question, la réponse sera affirmative.

Lame renversée: une nouvelle désagréable, une décision inopportune ou reportée. Enthousiasme excessif, exaltation, publicité mensongère, bruit, agitation qui ne donne aucun résultat. Surexcitation provoquée par la drogue ou l'alcool, hystérie, tension nerveuse, évocation de fantasmes. Cette carte répond négativement aux questions.

XXI. LE MONDE

Lame droite: lame positive qui symbolise la réussite, le succès, la victoire, l'épanouissement de la personnalité et la concrétisation des aspirations. Circonstances favorables, initiatives réussies, travail récompensé, honneurs, richesse, milieu favorable, et surtout: perfection spirituelle.

Lame renversée: obstacle très difficile à surmonter, contrariétés, milieu hostile, incapacité de se concentrer et de s'appliquer, faible importance sociale, revers de fortune, échec d'un projet. Difficulté d'épanouissement.

O. LE FOU

Lame droite: passivité, abandon total, paresse, renoncement à résister, immaturité, irresponsabilité. Cette lame est favorable aux nouveaux projets; elle peut indiquer l'arrivée d'une lettre ou d'un invité. Elle peut aussi représenter une personne rebelle, anticonformiste. Frivolité, légèreté, incapacité de se discipliner.

Lame renversée: nullité, incompétence, abandon aux instincts et aux passions, incapacité de raisonner et de se prendre en main, manque de régularité, inconscience, perte du libre arbitre, esclavage, aliénation, folie. Vide spirituel, matérialisme, amoralité, anéantissement, aveuglement moral.

LES ARCANES ET LES ANIMAUX

La divination par les Tarots peut s'adresser à n'importe quel type de consultant, du moment qu'il s'agit d'un être vivant; le consultant pourra de ce fait être un animal. Une telle divination est possible car comme l'homme, l'animal est doté d'une âme et possède un caractère qui lui est propre. Il connaît des problèmes psychiques et nerveux, et plus particulièrement l'animal domestique qui, s'étant adapté (car il y trouvait son intérêt) à vivre avec l'homme, d'une certaine façon, s'est "humanisé", en adoptant certaines caractéristiques et en modifiant en partie son caractère pour se plier aux exigences humaines.

Si l'on observe avec un peu d'attention les vingt-deux lames des Tarots, on y découvre une longue série d'animaux:

Arcane II	– la Papesse: un sphinx rouge foncé.
Arcane III	– l'Impératrice: un aigle blanc.
Arcane IIII	– l'Empereur: un aigle noir.
Arcane VII	– le Chariot: deux sphinx, un blanc et un noir.
Arcane IX	– l'Ermite: un serpent.
Arcane X	– la Roue de Fortune: deux serpents, le sphinx, Hermanubis, Typhon.

Arcane XI – la Force: un lion.

Arcane XVII – l'Etoile: un papillon.

Arcane XVIII – la Lune: un crabe, un chien blanc et un chien noir.

Arcane XXI – le Monde: un taureau, un lion, un aigle.

Arcane O – le Fou: un lynx, un crocodile.

Arcane XV – le Diable: le règne animal.

Il y a en tout vingt et un animaux présents sur les lames auxquels il convient d'ajouter l'Arcane XV, le Diable, la Bête, vingt-deuxième animal contenant en lui tous les autres.

Si l'on souhaite tirer les cartes à un animal, il faut utiliser la série d'Arcanes mentionnés ci-dessus et écarter les autres. Le rituel, du fait même qu'il concerne le règne animal, sera pratiqué à l'envers par rapport au rituel habituel: après avoir placé au centre la lame du Diable, on mélange les lames un nombre de fois pair, on les fait tourner dans le sens inverse de celui des aiguilles d'une montre et on coupe le jeu avec la main droite. On dispose ensuite sept lames autour de la lame centrale, toujours dans le sens inverse de celui des aiguilles d'une montre, et on en ajoute une huitième qui constitue la synthèse du jeu et la réponse finale. Les lames sont lues dans le sens inverse de celui des aiguilles d'une montre, l'interprétation restant la même que pour les personnes. Naturellement, il faudra toujours garder à l'esprit que l'on analyse les problèmes et les exigences d'un animal: l'interprétation devra donc être adaptée à leur réalité.

LA SIGNIFICATION DIVINATOIRE DES ARCANES MINEURS

LES ARCANES MINEURS

Le jeu de Tarots est composé de cinquante-six Arcanes mineurs et vingt-deux Arcanes majeurs. La famille des Arcanes mineurs comprend les "couleurs" suivantes:

Coupes	= Cœurs	Bâtons	= Trèfles
Epées	= Piques	Deniers	= Carreaux

Cette correspondance nous permet de remarquer qu'il est possible de tirer les cartes avec un jeu classique, à condition de ne pas tenir compte de l'interprétation du Cavalier qui n'existe pas dans ce jeu.

Lorsqu'un jeu de Tarot ne permet pas d'établir si les lames sont droites ou renversées, on leur attribuera l'interprétation que l'on donne aux cartes droites. Ou bien l'on se référera à la lame la plus proche qui comporte une figure. Si, par exemple, un Cinq de Coupe se trouve à côté d'une Reine d'Epée renversée, il revêtira alors une signification négative.

En général, on attribue aux "couleurs" le sens suivant:

- *Bâtons*: entreprises, actions, travail.
- *Epées*: haine, malchance, difficultés.
- *Coupes*: sentiments, amour, joie.
- *Deniers*: richesse, affaires, argent.

Nous avons vu que les Arcanes majeurs définissent d'une façon générale le parcours, l'évolution de l'homme et les événements importants qui marquent sa vie. Les Arcanes mineurs, quant à eux, peuvent être utilisés pour les prédictions moins importantes, concernant les événements de la vie quotidienne.

COUPES = CŒURS

AS DE COUPE

Lame droite: c'est une lame favorable, elle annonce de nouvelles amitiés, la conclusion heureuse d'une liaison sentimentale, le mariage, l'amour, une lettre porteuse de bonnes nouvelles, une visite inattendue, la fertilité.

Lame renversée: obstacles, vicissitudes, contrariétés, rupture possible d'une liaison amoureuse si la carte est entourée d'autres lames négatives. Stérilité, amour insatisfait.

DEUX DE COUPE

Lame droite: amour, amitié, affection, passion, union, fiançailles, joie, sympathie, attraction.

Lame renversée: amour insatisfait, divorce, séparation, discorde, malentendu, cupidité, jalousie.

TROIS DE COUPE

Lame droite: résolution d'un problème, conclusion, soulagement, réussite, guérison, satisfaction. C'est une lame très positive.

Lame renversée: plaisirs immodérés, superficialité, attente, obstacle, fin de quelque chose.

QUATRE DE COUPE

Lame droite: harmonie familiale, bons rapports avec les parents, nouveautés, nouvelles connaissances, nouvelles perspectives.

Lame renversée: chagrins, ennui, inquiétude, période de stagnation, querelles familiales, incompréhensions.

CINQ DE COUPE

Lame droite: sagesse, volonté, discernement, attente, héritage, rapport ou union incomplète.

Lame renversée: cette lame représente les membres de la famille, elle symbolise les affinités, les bonnes perspectives, les projets prometteurs.

SIX DE COUPE

Lame droite: influences du passé, nostalgie, souvenirs oubliés, images ternies, hésitation, peur de trop s'engager, renouvellements, changements de point de vue.

Lame renversée: événements imminents, futur.

SEPT DE COUPE

Lame droite: volonté, détermination, résolution, projets à court et à long terme, choix intelligent.

Lame renversée: imagination, rêve chimérique, extravagances, compassion, réflexion.

HUIT DE COUPE

Lame droite: jeune homme blond de bonne famille, bonheur, joie, fêtes, divertissements, union, mariage.

Lame renversée: efforts couronnés de succès, timidité, douceur, appréhension.

NEUF DE COUPE

Lame droite: succès, réussite, avantages, un bon poste de travail procuré par un ou une amie. Difficultés surmontées, gains, supériorité sur les autres.

Lame renversée: erreurs, pertes matérielles, imperfections, désir d'intimité.

DIX DE COUPE

Lame droite: cette lame représente la ville où vit le consultant, sa résidence, sa maison. Elle annonce bonheur, joie et plaisir, une vie de famille sereine, une joyeuse compagnie.

Lame renversée: indignation et colère, agitation, ennui, querelle familiale, mesquinerie, divergence d'opinion.

VALET DE COUPE

Lame droite: cette lame symbolise le consultant si c'est

un homme jeune. Ou bien un jeune garçon appliqué dans son travail et dans ses études. Il s'agit parfois de la personne qui est amoureuse de la consultante. Personne loyale, serviable.

Lame renversée: séduction, adulation, attraction, sensation de déclin.

CAVALIER DE COUPE

Lame droite: s'il est associé à une figure, le Cavalier de Coupe est le signe de la séduction. Proposition, avancement de carrière, invitation agréable, connaissance d'une personne. Conquête et réussite en amour.

Lame renversée: artifice, piège, tromperie, personne douteuse.

REINE DE COUPE

Lame droite: une femme qui souvent n'est plus de première jeunesse. La mère, une parente, une amie. Honnêteté, sagesse, intelligence, intuition.

Lame renversée: une personne n'inspirant pas confiance, brève relation, immoralité, vice.

ROI DE COUPE

Lame droite: un homme très important dans la vie familiale ou dans le travail. Honnêteté, justice, générosité, gentillesse.

Lame renversée: un homme malhonnête, tricheur, duplicité, scandale, vice.

BATONS = TREFLES

AS DE BATON

Lame droite: c'est une lame positive qui représente la maison, la position sociale de la consultante, la naissance d'un enfant, la naissance de nouvelles idées, un nouveau contrat de travail. C'est la confirmation de capacités personnelles.

Lame renversée: une faute, une erreur, dépression et découragement, objectif non atteint, existence vide.

DEUX DE BATON

Lame droite: surprise, joie. Petites difficultés facilement surmontables. Attente d'une amélioration.

Lame renversée: tristesse, regret, solitude, chagrins, mélancolie, peur, trouble, émotion.

TROIS DE BATON

Lame droite: début de quelque chose, audace, témérité, une action entreprise, une tentative.

Lame renversée: fin ou interruption d'un projet, chagrin, malheur. Aide intéressée.

QUATRE DE BATON

Lame droite: s'il est associé à l'As de Bâton, le quatre de Bâton renforce sa signification; dans ce cas, il peut annoncer un contrat de travail important, une offre intéressante. Alliance, association, réunion d'amis, succès, promotion, avancement de carrière. Prospérité en famille.

Lame renversée: obstacles imprévus, insatisfaction, amis déloyaux, brefs retards.

CINQ DE BATON

Lame droite: chance, succès, abondance, richesse. Argent, luxe, opulence.

Lame renversée: contrariétés, disputes, discussions. S'il est entouré de lames négatives ou d'Epées, il peut annoncer un procès, une dispute grave.

SIX DE BATON

Lame droite: c'est la lame des domestiques, des employés et des aides ménagères. Bonnes nouvelles, désirs comblés.

Lame renversée: indécision, incertitude, perplexité, doute.

SEPT DE BATON

Lame droite: obstacles surmontés, gains, rencontre avec des personnes importantes, profits.

Lame renversée: narcissisme, action infructueuses, discours futiles.

HUIT DE BATON

Lame droite: la vie à la campagne, un jardin, la nature. Paix, tranquillité.

Lame renversée: regret, repentir, remords, scrupules, tourments.

NEUF DE BATON

Lame droite: c'est une invitation à la prudence. Il peut symboliser la sagesse, la pondération, le report d'un projet auquel on tient beaucoup.

Lame renversée: obstacle, contrariété, problème. Un ami qui trahit la confiance placée en lui. Maladie, malaise.

DIX DE BATON

Lame droite: voyage, chance, gain au jeu, revenus, bonnes affaires.

Lame renversée: trahison, tromperie, déloyauté. Personne rusée et hypocrite, difficultés professionnelles, obstacles, pertes probables.

VALET DE BATON

Lame droite: un compagnon, un ami, un jeune collègue de travail. Un étranger bien intentionné, un porteur de nouvelles importantes.

Lame renversée: un avertissement, un conseil sur un événement devant se produire. Personne qui apporte de mauvaises nouvelles.

CAVALIER DE BATON

Lame droite: c'est la lame des changements. Elle annonce des voyages, un changement de résidence, l'abandon de quelque chose. Désir d'évasion, de fuite.

Lame renversée: séparation, rupture dans le domaine affectif ou du travail.

REINE DE BATON

Lame droite: une femme instruite, une collègue de travail consciencieuse et préparée, une amie dotée de grandes qualités. Douceur, honneur, vertu.

Lame renversée: jalousie, tromperies, infidélités. Elle symbolise l'instabilité, les sentiments inconstants.

ROI DE BATON

Lame droite: un homme important, de talent. Un chef de bureau, un artiste, un homme mûr, sage, sévère, honnête.

Lame renversée: sévérité, austérité, dogmatisme, décision.

EPEES - PIQUES

AS D'EPEE

Lame droite: reproduction, fécondation, accouchement, naissance d'un enfant, d'une idée ou d'autre chose.

Lame renversée: grave obstacle, colère, tension, frustration, irascibilité. Excès de fureur, tempérament violent, enragé.

DEUX D'EPEE

Lame droite: affection, amitié, sympathie, affinité. Rapport affectif ou sentimental, attachement.

Lame renversée: tromperie, hypocrisie, personne sournoise, déloyale, superficielle, menteuse.

TROIS D'EPEE

Lame droite: séparation, rupture, un départ, un retard, contrariétés, antipathie, aversion.

Lame renversée: erreur, faute, une personne névrosée, fragilité de nerfs, anxiété, confusion.

QUATRE D'EPEE

Lame droite: qualités positives, sagesse, sympathie. Précautions, bonne gestion, économies, intérêt.

Lame renversée: isolement, habitude, tristesse, un endroit désert, reculé, éloignement des personnes chères. C'est parfois un présage de mort.

CINQ D'EPEE

Lame droite: perte, fin, destruction, infamie, déshonneur. Un malheur, un accident, un écart de conduite, corruption, un nouveau rapport sexuel.

Lame renversée: chagrins profonds, douleur, abattement, malheur probable, enterrement.

SIX D'EPEE

Lame droite: excursion ou voyage, publication, écriture d'un livre, publicité, célébrité.

Lame renversée: un déplacement, une confusion, une déclaration, une révélation, un chemin parcouru.

SEPT D'EPEE

Lame droite: espoir, attente d'une personne ou d'une réponse. Confiance, volonté, imagination.

Lame renversée: c'est un avertissement, un conseil. Il peut également indiquer une réflexion, de bons conseils.

HUIT D'EPEE

Lame droite: cette lame marque la fin d'un cycle, d'une période et annonce un moment décisif pour le consultant. Désapprobation, contrôle, critiques, jugement.

Lame renversée: un événement imprévu, une aventure, un accident, obstacle, opposition.

NEUF D'EPEE

Lame droite: découragement, préoccupations, dispute, malheur. Cette lame représente parfois un religieux, un ermite ou une église, un temple, un couvent.

Lame renversée: doutes, crainte, suspicion, timidité, honte.

DIX D'EPEE

Lame droite: bénéfice, gain, succès, profit passager.

Lame renversée: tristesse, angoisse, désolation, désespoir, douleur physique et spirituelle.

VALET D'EPEE

Lame droite: un savant, un artiste, prédisposition à l'observation. C'est la lame du calcul, des spéculations.

Lame renversée: imprévus, incapacité de faire face à l'adversité, maladie probable.

CAVALIER D'EPEE

Lame droite: un homme d'action, un militaire ou, par analogie, une guerre, une dispute, une attaque. Dans certains cas, cette lame symbolise la haine, la colère, la ruine. Courage, valeur, habilité, force et ardeur de la jeunesse.

Lame renversée: stupidité, imprudence; erreur due à l'impulsivité.

REINE D'EPEE

Lame droite: une femme combative, une ennemie, une rivale. Il peut s'agir aussi d'une femme veuve ou seule ou malade. Dans ce cas, la lame symbolise la pauvreté, l'oisiveté, la privation.

Lame renversée: personne ambiguë, mesquine, hypocrite.

ROI D'EPEE

Lame droite: un homme de loi important, un avocat, un juge, un homme d'affaires ou un politicien, ayant un sens aigu de la justice, beaucoup d'idées et de projets.

Lame renversée: une personne dangereuse ou mauvaise, égoïste, cruelle. Echec des actions entreprises.

DENIERS - CARREAUX

AS DE DENIER

Lame droite: une augmentation de salaire, un héritage, une bonne rentrée d'argent. Bonheur, joie, profond bien-être.

Lame renversée: la carte reste positive, même si sa valeur diminue. Prodigalités, mauvais investissements.

DEUX DE DENIER

Lame droite: lettre, message, qualités littéraires.

Lame renversée: obstacle, période de stagnation, difficultés imprévues. Emotion, confusion, agitation.

TROIS DE DENIER

Lame droite: grande habilité, dignité, célébrité, puissance, altruisme, générosité. Il renforce l'influence des lames voisines.

Lame renversée: médiocrité, bassesse, banalité, infantilisme, lâcheté.

QUATRE DE DENIER

Lame droite: réalisation de projets qui rapportent un gain. Amour de l'argent.

Lame renversée: obstacle, difficultés matérielles, opposition à de nouveaux gains. Avidité, avarice.

CINQ DE DENIER

Lame droite: un amant, un amoureux, un mari ou une femme. Accord, intérêt, rentrée d'argent inattendue.

Lame renversée: passion, libertinage, désaccord conjugal ou mauvais rapports sentimentaux.

SIX DE DENIER

Lame droite: un événement sur le point de se produire. Générosité, philanthropie, dons, charité.

Lame renversée: cupidité, envie, jalousie, insolvabilité, illusions.

SEPT DE DENIER

Lame droite: argent, salaire, augmentation des revenus, héritage.

Lame renversée: anxiété, impatience, malaise, remords, doute, crainte, appréhension, méfiance.

HUIT DE DENIER

Lame droite: héritage, somme répartie équitablement. Avenir brillant, prometteur. Habileté manuelle, apprentissage.

Lame renversée: avarice, mesquinerie, jalousie, adulation, intrigue. Jeune fille sans cœur, incapable d'aimer.

NEUF DE DENIER

Lame droite: réalisation des projets envisagés, succès. Un bon investissement, un excellent achat. Bien-être matériel.

Lame renversée: la perte d'un ami, un projet inachevé, une promesse non tenue.

DIX DE DENIER

Lame droite: c'est la maison, le foyer familial. Prospérité, aisance matérielle.

Lame renversée: jeu de hasard, gaspillage, perte d'argent. Le destin, le hasard, la fatalité.

VALET DE DENIER

Lame droite: un jeune garçon apprenti, un élève, un étudiant. C'est la lame de l'étude, de la réflexion, de l'engagement intellectuel. Désir d'apprendre, de savoir.

Lame renversée: abondance, luxe, objets superflus, gaspillage, perte de biens, personne abstraite.

CAVALIER DE DENIER

Lame droite: personne mûre et responsable, de confiance, patiente, douée pour mener à bien les négociations. Gains, bénéfices, avantage.

Lame renversée: indolence, obstacles, négligence. Légère perte d'argent.

REINE DE DENIER

Lame droite: une femme riche, habile, une amie ou une collègue, une femme qui fera des propositions d'affaires intéressantes. Abondance, luxe, richesse, sécurité, liberté, dignité. Personne généreuse et charitable.

Lame renversée: personne qui manque d'assurance, indécise, craintive. Hésitation, attente, doute.

ROI DE DENIER

Lame droite: un agent de change, un banquier, un commerçant, un homme riche. Prédisposition aux affaires et aux mathématiques ou à la physique. Un ami loyal, généreux, qui fera une proposition de travail intéressante, apportera son aide matérielle.

Lame renversée: corruption, laideur, avarice, infidélité. Faiblesse physique et psychique, un homme vicieux qui est prêt à tout pour atteindre son objectif.

LES ARCANES PERSONNELS

A l'aide du tableau présenté à la page 249, il est possible de calculer très simplement les Arcanes liés au caractère, au destin de chacun et de découvrir l'Arcane permettant de modifier ceux-ci.

On utilisera les Arcanes majeurs, en donnant à l'Arcane du Fou la valcur 22.

L'ARCANE DU CARACTERE

On le calcule en additionnant les chiffres correspondant aux lettres du nom et du prénom.

Exemple:

S O P H I E D U R A N D

1 + 6 + 7 + 8 + 9 + 5 + 4 + 3 + 9 + 1 + 5 + 4

= 62

Le nombre 62 étant supérieur à celui des Arcanes majeurs, on le réduit de façon à obtenir un nombre compris entre 1 et 22. Nous aurons dans ce cas: 6 + 2 = 8. L'Arcane du caractère de Sophie Durand est donc l'Arcane VIII - la Justice.

L'ARCANE DU DESTIN OU KARMA

On l'obtient à partir du lieu et de la date de naissance.

Exemple: Sophie Durand est née à Paris, le 26/7/1942. Nous aurons donc:

P A R I S

7 + 1 + 9 + 9 + 1 = 27

Ce chiffre étant supérieur à 22, on le réduit: 2 + 7 = 9.

On additionne ensuite les chiffres qui composent la date de naissance:

2 + 6 + 7 + 1 + 9 + 4 + 2 = 31 = 3 + 1 = 4

On additionne enfin le chiffre du lieu de naissance à celui de la date de naissance: 9 + 4 = 13

Le numéro 13 correspond à l'Arcane XIII - la Mort et celle-ci constitue donc l'Arcane du destin de Sophie Durand.

L'ARCANE DES ARCANES

C'est l'Arcane sur lequel nous devons agir et par l'intermédiaire duquel nous pouvons modifier notre caractère et notre destin.

On le calcule en additionnant le numéro de l'Arcane du caractère à celui de l'Arcane du destin. Dans le cas de Sophie Durand, on obtient: 8 + 13 = 21, soit l'Arcane XXI - le Monde.

Tableau pour le calcul des Arcanes

1	2	3	4	5	6	7	8	9
A	B	C	D	E	F	G	H	I
J	K	L	M	N	O	P	Q	R
S	T	U	V	W	X	Y	Z	

L'ARCANE DU HASARD

On étale les Arcanes majeurs sur la table en les couvrant, on passe la main gauche sur les lames et l'on choisit celle pour laquelle on ressent une attraction particulière.

La lame ainsi choisie constitue l'Arcane du hasard, lié au présent; c'est la lame qui symbolise notre situation du moment, nos choix, nos problèmes, et elle nous aide à résoudre ceux-ci.

L'ARCANE DU ZODIAQUE

Correspondances entre les cartes et les signes du Zodiaque:

Bélier	21/03-19/04	=	le Pape	(Arcane V)
Taureau	20/04-20/05	=	le Monde	(Arcane XXI)
Gémeaux	21/05-20/06	=	le Soleil	(Arcane XVIIII)
Cancer	21/06-22/07	=	la Lune	(Arcane XVIII)
Lion	23/07-22/08	=	la Force	(Arcane XI)
Vierge	23/08-21/09	=	l'Amoureux	(Arcane VI)
Balance	22/09-21/10	=	la Justice	(Arcane VIII)
Scorpion	22/10-21/11	=	le Fou	(Arcane O)
Sagittaire	22/11-20/12	=	le Diable	(Arcane XV)
Capricorne	21/12-19/01	=	la Maison-Dieu	(Arcane XVI)
Verseau	20/01-18/02	=	la Tempérance	(Arcane XIIII)
Poissons	19/02-20/03	=	le Jugement	(Arcane XX)

Pour comprendre le sens des Arcanes personnels, il faut se reporter au chapitre consacré à la signification ésotérique des lames.

LES ARCANES ET L'HOROSCOPE

Correspondance carte-planète:

1. Le Soleil	= le Bateleur	(Arcane I)
2. La Lune	= la Papesse	(Arcane II)
3. Vénus	= la Roue de Fortune	(Arcane X)
4. Mercure	= l'Etoile	(Arcane XVII)
5. Mars	= le Pendu	(Arcane XII)
6. Jupiter	= l'Empereur	(Arcane IIII)
7. Saturne	= la Mort	(Arcane XIII)
8. Uranus	= l'Impératrice	(Arcane III)
9. Neptune	= l'Ermite	(Arcane VIIII)
10. Pluton	= le Chariot	(Arcane VII)

COMMENT LIRE L'HOROSCOPE AVEC LES ARCANES

Première méthode

Placer au centre de la table la lame correspondant au signe zodiacal du consultant, prélever les dix Arcanes Majeurs correspondant aux dix planètes du Zodiaque, mélanger les lames sept fois de suite, les faire tourner trois fois dans le sens des aiguilles d'une montre, en formant un cercle, puis les mélanger de nouveau trois fois.

Disposer ensuite les lames en cercle, dans le sens des aiguilles d'une montre, en commençant par la première lame que l'on placera à gauche.

On obtiendra l'horoscope en interprétant les lames selon leur signification habituelle (droites ou renversées) et en tenant toujours compte de leur position les unes par rapport aux autres.

Pendant que l'on mélange les lames, il est important de répéter mentalement la date, le lieu et, si possible, l'heure de naissance du consultant; on peut éventuellement écrire ces données sur une feuille de papier (de préférence triangulaire) que l'on placera au bas de la carte du signe zodiacal.

L'horoscope est valable pendant une année solaire et il est conseillé de le lire au cours des premiers jours de l'année, et de préférence le premier janvier. Si on le souhaite, on peut aussi lire l'horoscope en tenant compte de l'ascendant du consultant; à cet effet, on placera la lame correspondant à l'ascendant à côté de celle du signe. Dans ce cas, il est indispensable d'écrire ou de penser également à l'heure de naissance.

Les personnes ayant des notions d'astrologie peuvent compléter l'interprétation classique des lames en tenant compte de la signification planétaire se rattachant à chacune des lames: si elles sont droites, c'est un signe favorable; si elles sont renversées, c'est un signe négatif.

Deuxième méthode

On utilise les Arcanes majeurs et mineurs. Retirer du jeu la lame correspondant au signe zodiacal du consultant et la mettre au centre de la table.

Disposer douze lames en cercle, en partant en haut et à gauche de la table, puis répartir vingt-quatre lames sur ce même cercle. Chaque groupe de trois lames représente un mois de l'année. Donner l'interprétation de chacun de ces groupes de cartes.

Troisième méthode

Utiliser uniquement les Arcanes Majeurs. Retirer du jeu la lame correspondant au signe zodiacal du consultant et la mettre au centre de la table. Disposer douze lames en cercle en partant de la gauche.

La base de chaque lame doit être orientée vers le centre de la roue. Chaque lame correspond à l'une des Maisons du Zodiaque.

Première Maison. Le consultant: personnalité, caractère, caractéristiques physiques.

Deuxième Maison. L'argent, les biens, les propriétés, la situation financière.

Troisième Maison. Les parents proches, frères et sœurs, les rapports que l'on entretient avec eux.

Quatrième Maison. La famille, père, mère, relations et milieu, héritage culturel du milieu.

Cinquième Maison. Les enfants, l'art, la créativité. La vie sexuelle, les divertissements, les plaisirs. Cette maison est difficile à interpréter.

Sixième Maison. La santé physique (lame renversée: mauvaise santé, lame droite: bonne santé), le travail, les rapports avec les collègues, les employés, les supérieurs.

Septième Maison. Mariage et rapports sociaux du couple.

Huitième Maison. La mort, les accidents, les dangers. Les grands changements de la vie.

Neuvième Maison. L'évolution morale et spirituelle du consultant, sa philosophie de la vie, la réussite intellectuelle.

Dixième Maison. La carrière, la position sociale, les ennemis, les difficultés.

Onzième Maison. Les amitiés, la capacité de vivre en société, de recevoir et de donner.

Douzième Maison. La vieillesse, les défaites subies dans la vie, le degré atteint d'élévation spirituelle, de solitude, de méditation.

APPLICATIONS PRATIQUES

LES DIFFERENTES METHODES DE LECTURE DES TAROTS

METHODE DES BOHEMIENS

On utilise tout le jeu des Tarots. Le cartomancien mélange les Arcanes mineurs et demande au consultant de les couper de la main gauche.

Il extrait ensuite les vingt premières lames, élimine les autres, puis ajoute ces vingt lames aux Arcanes majeurs et mélange de nouveau le tout. Le "lecteur" confie alors le paquet au consultant qui coupe les lames et les répartit en six petits tas de sept lames chacun, en partant de la droite vers la gauche:

7	6	5	4	3	2	1

Le cartomancien rassemble ces six tas, en partant du n° 1, et dispose les lames, toujours de la droite vers la gauche, couvertes, sur six rangées de sept cartes:

7	6	5	4	3	2	1	**rangée n° 1**
7	6	5	4	3	2	1	**rangée n° 2**
7	6	5	4	3	2	1	**rangée n° 3**

7	6	5	4	3	2	1	**rangée n° 4**
7	6	5	4	3	2	1	**rangée n°5**
7	6	5	4	3	2	1	**rangée n°6**

Lorsque l'on utilise cette méthode, le consultant est représenté par le Fou, le Bateleur ou l'Empereur et la consultante est représentée par la Papesse ou l'Impératrice.

Les lames sont ensuite lues, toujours de la droite vers la gauche, en partant de la rangée n° 1.

Signification générale de chaque rangée:

– rangée n° 1 = *passé*: toutes les expériences qui ont joué un rôle déterminant dans la vie du consultant.

– rangée n° 2 = *présent*: situation dans laquelle se trouve le consultant.

– rangée n° 3 = *facteurs extérieurs*: milieu dans lequel vit le consultant.

– rangée n° 4 = *futur proche*: événements qui vont se produire.

– rangée n° 5 = *possibilités pour le futur*: événements qui peuvent se produire, mais qui sont évitables si le consultant veut les affronter et les conjurer.

– rangée n° 6 = *résultat final et futur*: le futur et le destin du consultant.

METHODE DE L'ETOILE DE DAVID

On retire du jeu la lame du consultant que l'on place au centre de la table. On mélange et on extrait sept lames au hasard, que l'on dispose sur la table, couvertes, selon la figure indiquée ci-dessous.

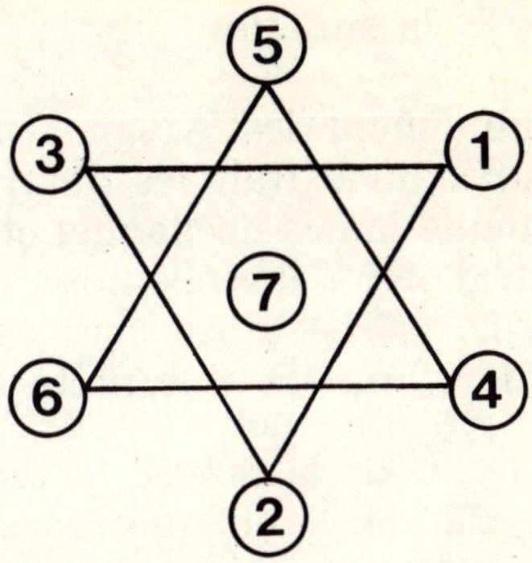

La lame n° 7 sera naturellement placée au-dessus de celle du consultant.

Les Arcanes seront retournés un à un et auront la signification suivante.

Lame n° 1 = la situation présente.
Lame n° 2 = le passé proche.
Lame n° 3 = les personnes de l'entourage, le milieu.
Lame n° 4 = les éléments défavorables.
Lame n° 5 = les éléments favorables.
Lame n° 6 = le résultat final.

METHODE SURE

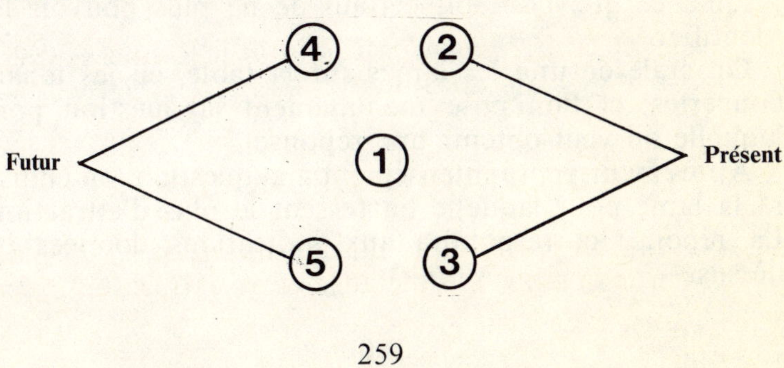

Lame n° 1 = le consultant.
Lames n° 2 et 3 = le présent, la situation actuelle.
Lames n° 4 et 5 = le futur, les prochaines évolutions de la situation.

On utilise uniquement les Arcanes majeurs. On les mélange, on coupe, on extrait les quatrième, huitième, seizième et vingtième lames du paquet et on les étale sur la table, couvertes, selon les positions et la succession indiquées ci-dessus.

On les retourne et on les interprète ensuite globalement.

METHODE DES TROIS CARTES

⓪	①	②
Fou	**Bateleur**	**Papesse**

Fou = Non – Faiblesse et échec probable.
Bateleur = Peu de possibilités – Projet à revoir.
Papesse = Oui – Succès assuré.

On extrait des Arcanes majeurs les lames du Fou, du Bateleur et de la Papesse et on les mélange longuement, jusqu'à ce que l'on soit certain de ne plus pouvoir les identifier.

On étale ensuite les lames sur la table, en les tenant couvertes, et l'on pose mentalement la question pour laquelle on veut obtenir une réponse.

Après avoir pensé intensément à la question, on choisira la lame pour laquelle on ressent le plus d'attraction. La réponse correspondra aux indications données cidessus.

METHODE DES NEUF LAMES

On mélange les lames, on les étale sur la table et l'on demande au consultant d'en choisir sept.

On les dispose selon la figure reproduite ci-dessous et on les interprète. On demande ensuite au consultant d'en choisir deux autres qui constitueront la synthèse et le résultat final.

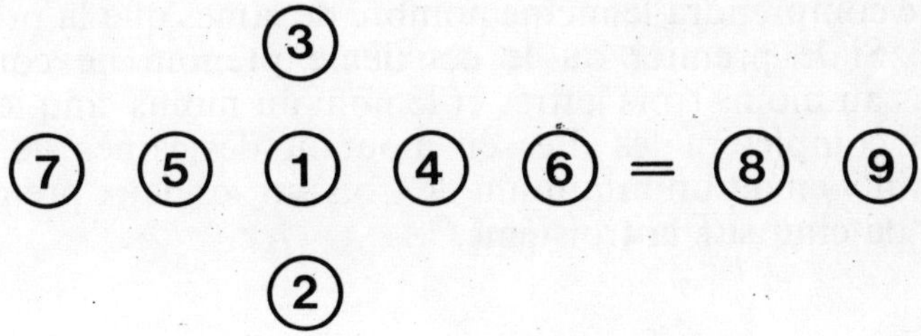

METHODE DU NOM ET DE L'AGE

Pour ce type de lecture, on utilisera les Arcanes mineurs et les Arcanes majeurs.

Le cartomancien mélange les lames, demande au consultant de les couper de la main gauche, et dispose sur la table, en les découvrant, autant de lames qu'il y a de lettres et de chiffres dans le prénom, le nom et la date de naissance du consultant:

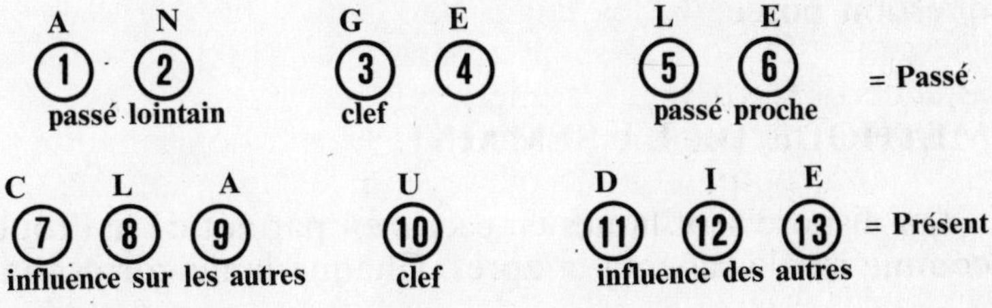

G	I	B	E	A	U	D	
(14)	(15)	(16)	(17)	(18)	(19)	(20)	= Futur

2	0	1	2	1	9	5	3	
(21)	(22)	(23)	(24)	(25)	(26)	(27)	(28)	destin du consultant

Si le consultant n'a qu'un seul prénom, la deuxième file comprendra le même nombre de lames que la première. Si le premier ou le deuxième prénom ne contient pas au moins trois lettres et le nom au moins cinq lettres, on complétera les files en ajoutant des lames de sorte qu'il y en ait un minimum de trois sur les deux premières et de cinq sur la troisième.

METHODE CHIFFREE

On mélange longuement les Arcanes majeurs, puis on choisit sept lames de la façon suivante: la première lame est la première du paquet, les six autres sont extraites en retirant deux lames successives et en prenant la troisième. On choisira, autrement dit, une lame toutes les trois lames, c'est-à-dire la première, la quatrième, la septième, la dixième, etc.

On additionne ensuite les numéros de tous les Arcanes sortis et on réduit le chiffre obtenu jusqu'à ce qu'il soit compris entre un et neuf.

L'Arcane correspondant à ce chiffre répondra à la question posée.

METHODE DE LA SEMAINE

On dispose sept lames en cercle en partant de la droite, comme sur le schéma ci-après. Chaque lame correspond

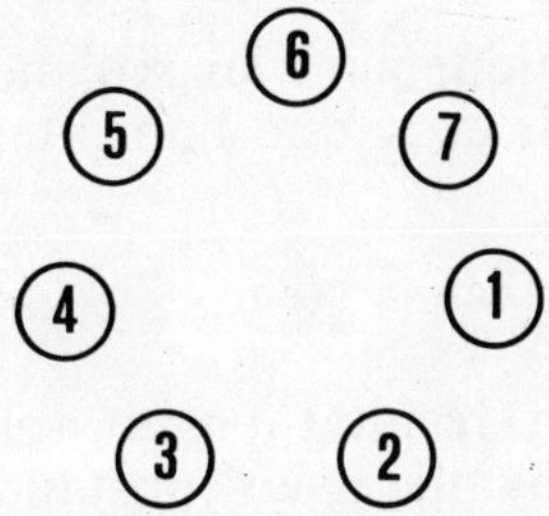

à un jour de la semaine, la n° 1 au lundi, la n° 2 au mardi, etc., la n° 7 au dimanche. On pourra ainsi savoir si des événements positifs ou négatifs se produiront pendant la semaine en question.

METHODE DE L'EMPEREUR

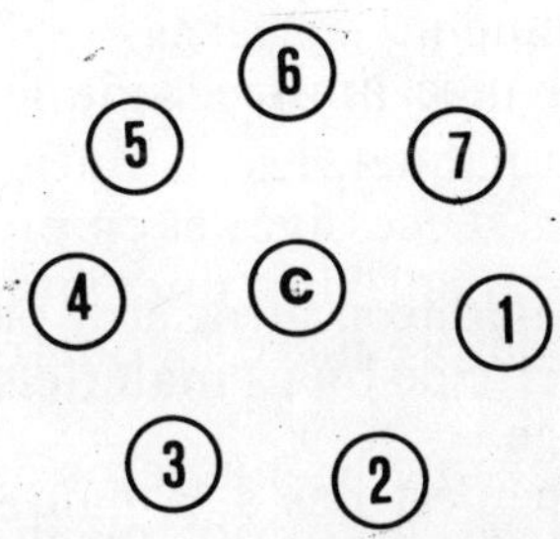

On place la carte du consultant au centre. On dispose sept lames en cercle en partant de la droite et en tournant dans le sens des aiguilles d'une montre. Les lames doivent être retournées une à une et interprétées individuellement, puis globalement. Cette méthode est surtout utilisée pour répondre à des questions concernant les problèmes de travail, les affaires ou les préoccupations sentimentales.

METHODE DES SEPT LAMES

On utilise ici uniquement les Arcanes majeurs IIII, V, VI, VII, VIII, VIIII et X que l'on interprète de la façon suivante:

Lame droite:

Arcane IIII – un résultat positif sera obtenu si l'on travaille avec constance et sérieux.
Arcane V – les efforts entrepris seront couronnés de succès.
Arcane VI – il faudra engager toutes ses forces pour s'approcher de l'objectif que l'on s'est fixé.
Arcane VII – aide inattendue.
Arcane VIII – chance.
Arcane VIIII – il faudra se servir de toutes ses facultés mentales pour atteindre le but victorieusement.
Arcane X – chance limitée, aide féminine.

Lame renversée:

Arcane IIII – l'avidité pourra être punie.
Arcane V – perte de biens matériels et baisse de prestige.
Arcane VI – on n'est pas à la hauteur de la tâche.
Arcane VII – il faut se préparer scrupuleusement avant d'affronter la lutte.
Arcane VIII – il ne faut pas se laisser fourvoyer par ses passions, car elles conduisent à la faillite.
Arcane VIIII – échec dû à la méchanceté d'autrui.
Arcane X – il faut être prêt à affronter des hauts et des bas.

On extrait les lames indiquées ci-dessus, on les fait tourner dans le sens des aiguilles d'une montre, on les mélange et on les étale sur la table, couvertes, en les disposant sur deux files (une de trois lames et une seconde de quatre lames).

On se concentre ensuite très intensément sur la question du consultant et on passe la main gauche sur le dos des lames, en les effleurant à peine. Lorsque l'on sentira une attraction plus prononcée pour une lame déterminée, on la retournera. C'est l'Arcane qui répondra à la question posée. Cette méthode est surtout utilisée pour les problèmes de travail et les questions concernant les affaires.

METHODE SECRETE

① ② ③

④ ⑤ ⑥ ⑦ ⑧ ⑨

Les lames sont disposées selon la configuration indiquée ci-dessus. Les trois premières représentent respectivement le passé proche, le présent et le futur immédiat. Les autres symbolisent le futur (de plus en plus lointain). La neuvième lame correspond au résultat final.

METHODE DES CINQ JUGEMENTS

discussion
juge

③

affirmation ① ⑤ ② **négation**
défense **accusation**

synthèse verdict

④

sentence
solution

Lame n° 1 = *Affirmation*: elle représente tout ce qui influence favorablement le problème posé par le consultant.

Lame n° 2 = *Négation*: elle représente tout ce qui influence négativement le problème posé par le consultant.

Lame n° 3 = *Discussion*: elle représente le type de décision que le consultant devrait prendre pour résoudre son problème.

Lame n° 4 = *Sentence*: elle symbolise le résultat, mais ce n'est qu'une hypothèse qui doit être confirmée ou démentie par la cinquième carte.

Lame n° 5 = *Synthèse*: c'est la clef de lecture de tout le problème.

On peut recourir à cette méthode pour obtenir des réponses à des questions d'une certaine importance.

On commence par mélanger les lames puis on demande au consultant de donner au hasard un chiffre compris entre 1 et 22 (on donnera au Fou la valeur 22).

On retirera alors du jeu un nombre de lames correspondant au chiffre donné et l'on attribuera à la lame suivante le numéro 1, l'affirmation. Le chiffre choisi par le consultant devra être noté à part.

On rassemblera de nouveau toutes les lames (sauf la n° 1), on les mélangera, on demandera un autre chiffre au consultant et l'on procédera comme ci-dessus pour choisir la deuxième, puis les troisième et quatrième lames.

La cinquième lame, celle de la synthèse et du verdict final, sera obtenue en additionnant les quatre chiffres choisis par le consultant, pour le tirage des quatre premières lames, que l'on aura notés à part. Si le résultat de cette somme est supérieur à 22, on additionne les chiffres qui composent le nombre obtenu jusqu'à ce que l'on obtienne un nombre compris entre 1 et 22.

Ce nombre correspondra à celui de l'Arcane qui sera placé dans la position n° 5.

METHODE DU MIROIR

6	2	7
5	1	4
9	4	8

Lame n° 1 = elle doit être découverte sur la table, sa signification sera donnée par les autres cartes.

Lame n° 2 = *Esprit*: les pensées présentes et futures.

Lame n° 3 = *Cœur*: affections et sentiments.

Lame n° 4 = *Ce qui se produira*: le futur proche.

Lame n° 5 = *Imprévus*: événements imprévus, indépendants des actions que l'on entreprend.

Lame n° 6 = *Entourage*: les personnes chères qui nous entourent.

Lame n° 7 = *Milieu et travail*: le milieu dans lequel on vit et on travaille.

Lame n° 8 = *Ce qui doit se produire*: conséquences certaines des actions entreprises.

Lame n° 9 = *Avenir lointain*: le futur lointain.

Avec cette méthode, on utilisera uniquement les Arcanes majeurs. On les mélange et on choisit une lame que l'on place au centre de la table et que l'on découvre. C'est la lame dont le sens devra être précisé par les autres lames. On choisit ensuite huit autres lames que l'on place dans les positions indiquées sur le schéma ci-dessus, couvertes. On devra les découvrir une à une et les interpréter en se référant à la lame n° 1.

METHODE DES QUATORZE LAMES

On dispose douze lames, après les avoir mélangées et fait tourner dans le sens des aiguilles d'une montre, selon la configuration indiquée ci-dessus. Chaque lame symbolise un mois de l'année. On les interprète d'abord une à une, puis globalement. A la fin, on retourne encore deux lames représentant la synthèse et le résultat final.

L'ARBRE DE VIE

Les Arcanes, disposés selon l'arbre de *la Kabbale*, peuvent être utilisés pour interpréter l'évolution spirituelle de l'être, en partant du bas, le règne matériel, et en terminant en haut, le summum de la spiritualité.

On mélange les lames trois fois, on forme une roue, on les mélange de nouveau sept fois, puis on les dispose de la façon suivante:

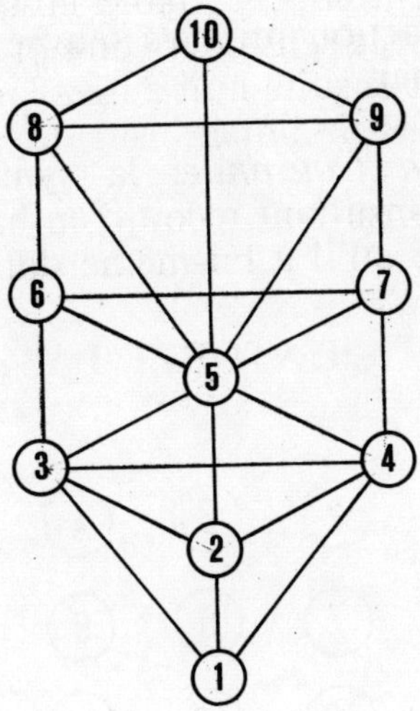

Lame n° 1 = *Le Règne*: la partie terrestre, purement matérielle, par laquelle commence l'évolution du consultant.

Lame n° 2 = *Le Fondement*: la personnalité qui émerge de la base matérielle.

Lame n° 3 = *La Splendeur*: l'activité humaine par laquelle on prouve que l'on existe.

Lame n° 4 = *Le Triomphe*: les qualités créatives.

Lame n° 5 = *La Beauté*: les sentiments intimes que l'on extériorise.

Lame n° 6 = *La Sévérité*: le pouvoir, la justice qui récompense ou punit.

Lame n° 7 = *La Miséricorde*: la pitié qui réduit le pouvoir et donne la possibilité d'aimer.

Lame n° 8 = *L'Intelligence*: la compréhension de son propre destin.

Lame n° 9 = *La Sagesse*: l'acceptation de son destin et l'action mise en œuvre pour le transformer.

Lame n° 10 = *La Couronne*: la synthèse, ce que le consultant reçoit d'en haut sur la base de ce qu'il a lui-même donné.

CONCLUSION

L'origine des Tarots doit être recherchée dans l'homme lui-même, dans son esprit et dans son âme.

L'homme, voué à la recherche d'une vérité qu'il pressentait au plus profond de lui-même, a communiqué sa pensée aux autres hommes en mesure de le comprendre par des gestes et des symboles. Un symbole renferme d'innombrables notions et le Tarot, cet admirable moyen de communication et d'enseignement quant au chemin qui conduit à l'évolution, est certainement né de cette façon. Grâce au message que lui délivrent les Arcanes, l'homme comprend d'où il vient, où il va, le parcours qu'il doit suivre et l'objectif qu'il doit atteindre.

Les plus grands occultistes et initiés ont consacré une partie de leur vie à approfondir le message caché des Tarots. Le magicien, l'initié, l'ascète, et même le curieux, ont tous trouvé un message.

Nombre de choses ont été découvertes et beaucoup restent encore à découvrir. Les vingt-deux Arcanes ne constituent que l'index d'un livre volumineux, l'abécédaire d'une œuvre remarquable dont seul l'usager, le lecteur, peut réaliser le Grand Œuvre en cherchant la vérité en lui-même.

C'est l'homme la clef des Tarots qui constitue ce livre volumineux, cette immense bibliothèque: la grande aventure se trouve en lui et il connaît déjà les enseignements des Tarots, car ce sont des notions qui le pénètrent depuis la nuit des temps.

Les Tarots ne nous apprennent rien de nouveau, mais grâce à eux, nous parvenons à comprendre et à découvrir en nous-mêmes ce précieux trésor appelé “amour”.

Les Tarots ne sont pas nés pour servir à la divination telle qu'on la pratique habituellement: ce sont en réalité des documents sur l'ancien chemin de l'évolution que l'homme a aujourd'hui oublié.

La divination ne doit constituer qu'une première approche, une première démarche. Elle est utile dans la mesure où c'est un point de départ permettant de rechercher et de saisir le véritable message.

L'homme doit veiller à ne pas se laisser entraîner sur la mauvaise voie; le paranormal, l'occultisme ne sont qu'une étape, très souvent nécessaire, mais jamais un objectif en soi.

Le cartomancien doit comprendre, dès le début, que les lames sont un prolongement de lui-même, un moyen qu'utilise son esprit pour découvrir des faits et des événements que sa personne connaît déjà.

Les lames doivent vibrer avec lui et en lui, elles doivent être imprégnées d'essences positives; c'est la raison pour laquelle on pratique la purification et la consécration des Tarots. Dès le commencement, le cartomancien doit déjà se diriger vers les forces positives, vers les forces de l'évolution. L'imprégnation des Tarots devra donc être chargée d'énergies lumineuses vibrantes de spiritualité.

Par ce processus, les lames deviennent pour le cartomancien un moyen simple d'atteindre l'état altéré de conscience, ce qui est impossible sans le recours à cette clef importante que constitue le Tarot.

Un bon cartomancien doit connaître et approfondir les véritables connaissances de l'homme. Seul celui qui comprend le karma et le libre arbitre parviendra à saisir la véritable signification divinatoire des Tarots et aura le devoir de conseiller et d'aider les personnes qui s'adressent à lui pour se faire prédire l'avenir.

L'ignorant lira, en revanche, un livre dont il comprendra le sens de chaque mot, mais pas le contenu global des phrases.

Le vrai cartomancien doit aussi connaître, au moins en partie, la signification ésotérique des lames et ne pas s'arrêter aux indications divinatoires. C'est grâce à l'étude de la signification ésotérique des cartes que s'établit une véritable communication entre l'homme et cet immense réservoir cosmique baptisé "inconscient collectif".

Chaque homme fait partie de l'ensemble et chacun de nous fait partie des autres, c'est pourquoi il est important de se consacrer avec une attention particulière à l'étude de la symbologie ésotérique contenue dans chaque lame.

Les Arcanes renferment un enseignement magique, un enseignement initiatique, un enseignement alchimique, un enseignement religieux, un enseignement de l'évolution et mille autres enseignements encore que l'homme doit découvrir en lui-même, avant de les retrouver dans les lames.

Les utilisations possibles des Arcanes sont donc innombrables, à l'image de leurs enseignements. Les symboles peuvent orienter nos rêves, déclencher des énergies curatives présentes en nous à l'état latent, réveiller notre psyché, créer des pentacles et des signes graphiques contenant une partie de notre psychisme, se relier aux énergies de la couleur en faisant vibrer chaque carte sur une fréquence particulière en fonction des objectifs à atteindre.

Des Mandala à la méditation, de l'astrologie à l'évolution, de l'étude des chiffres à *la Kabbale*, de la recherche à la réalisation, tels sont les concepts que recouvre LA VOIE ROYALE.

TABLE DES MATIERES

Dans la même collection

Prédire l'avenir avec les tarots
La chiromancie
L'avenir avec les cartes
L'astrologie
Interprétez vos rêves
Comment établir votre horoscope
L'hypnotisme
Comment lire la main
Magie et sorcellerie
L'avenir par les tarots
Guide complet pour interpréter les rêves
Cours complet des arts divinatoires
La magie des songes
Mauvais œil et sortilèges
Le magnétisme personnel
L'horoscope chinois
Le dictionnaire des rêves
Votre santé et les astres
Les signes du zodiaque et l'amour
Manuel de la cartomancie
Les pouvoirs de la volonté
La magie blanche
Les rêves porte-bonheur
La magie des pierres précieuses
La magie égyptienne
De quel signe êtes vous?
Les tarots
Grand livre des sciences occultes
Le spiritisme
Voyance et précognition
Vos facultés paranormales
Guide pratique de la télépathie
Guide pratique de l'auto-hypnose
Amulettes et talismans
Votre futur par les nombres
Le futur révélé par les cartes

Achevé d'imprimer
en mai 1987
à Milan, Italie, sur les presses
de Grafiche Milani

Dépôt légal: mai 1987
Numéro d'éditeur: 1658